自由は楽しい、
自由がおいしい

愛され中華、酔い中華

fu-fu shisen
按田餃子
四川家庭料理 中洞
Okibi china 燠火

カントナ
一途一心
牧谿
関飯店

お酒が飲める、
ご飯もすすむ。
新・町中華の
売れ筋メニュー

120品

共通するのは、町に溶け込み、
新たなファンを増やしていること。
中華の技術を土台にしつつ、
それに縛られることなく
自らの表現を楽しむ――。
そんな「新・町中華」8店の
とっておきメニューを集めました。

今、自由な中華が増えています。
魚と野菜だけでコースを組み立てたり、
「使いきること」がテーマだったり、
目の前で熾火で焼き物を仕立てたり。
餃子や春巻き、麻婆豆腐など
定番中の定番にも、「アッ」と驚く
工夫が仕掛けられていたりします。
店ごとの個性はさまざまですが、

目次

本書を使いはじめる前に

・記載の分量、温度、時間、火加減は目安です。キッチンの環境に応じて調整してください。
・レシピ中、何人分かの指定がない箇所は、「作りやすい分量」を示します。
・大さじ1は15ml、小さじ1は5mlを示します。
・各店の価格や営業情報は取材当時のものです。

ディナーコース
海老ワンタン
薬膳蒸しスープ
赤海老とレンコンの春巻
酸辣湯麺
サイドメニュー
蒸しパン 180
野菜まん 330

神奈川・藤沢

fu-fu shisen

フー フー シセン

1

神奈川県藤沢市鵠沼橘1-1-15
富洋ビル1階
Instagram／@fufushisen

【店舗規模】9.6坪
【客席数】カウンター4席、
テーブル6席
【開業】2018年7月
【客単価】8500円

肉と乳製品は不使用。魚介と野菜で構成する四川ベースの創作料理を海も近い自然豊かな藤沢で

縛りがあるからこそ、思いがけない料理が生まれることもあります

藤沢駅から徒歩5分。木目調の家具や北欧風のテキスタイル、黒板メニューがカフェやバルをイメージさせる内装だ。一角には店のコンセプトを打ち出した黒板も。

fu-fu shisen　店主

廣木臣尚

1983年新潟県生まれ。調理師学校を卒業後、「トゥーランドット 游仙境」で約3年間修業。「芝蘭」に入り、系列店も含め計9年間働き、そのうち3年間料理長を務める。「虎峰」を経て、2018年7月に独立。

廣木臣尚さんとサービス担当のみきさんが夫婦で営む「fu-fu shisen」は、そのネーミングだけでなく、店のコンセプトもじつにユニーク。「肉類や乳製品をいっさい使わず、魚介と野菜で四川ベースの料理を作る」というもので、もともと健康や環境問題への意識の高いみきさんのアイデアだ。「最初に聞いた時は驚きましたが、おもしろいなと。縛りがあるぶん新しい料理を考えるのは大変ですが、だからこそ料理人としてやりがいを感じます」(廣木さん)。

長年働いた東京を離れて藤沢で独立したのは、海が近い自然豊かな環境に魅かれてのこと。地魚や旬の野菜も豊富で、店のコンセプトにもぴったりだった。開業当初は地元客が気軽に楽しめるよう、500円〜の単品メニュー約30品を主軸にしていたが、コロナ禍中にコースのみにシフト。基本のコースの他、ショートコースや野菜だけを使ったコースを揃え、評判を聞きつけた県外からのお客にも好評だ。なおコースにすることで、薬膳をとり入れた蒸しスープなど、単品では注文の少なかった料理も提供しやすくなったという。「スープを飲んだ翌日は一日中身体がポカポカする」といった反応もあるそうで、「そうしたお客さまの声がいちばんうれしいですね」と夫婦揃って声を弾ませる。

POINT 1

魚と野菜を中心とし、肉は大豆ミートで代用

肉類や乳製品、卵をいっさい使わず、魚と野菜でコースを組み立てる同店。さらに発酵調味料や香味油などを自家製し、他店にはない個性を打ち出している。なお、定番の「麻婆豆腐」は、挽き肉の代わりに使う大豆ミートにあらかじめ甜麺醤をからめておくことで、一体感を生み出している。

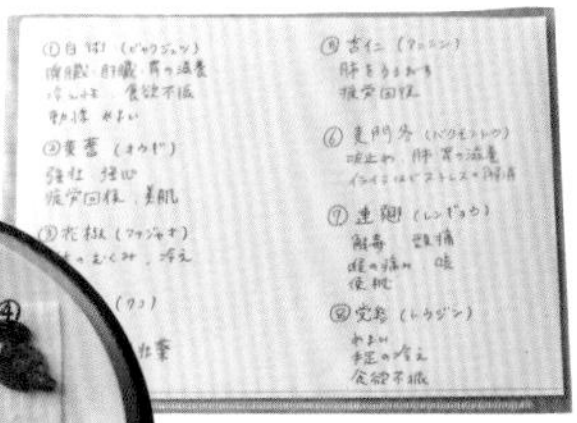

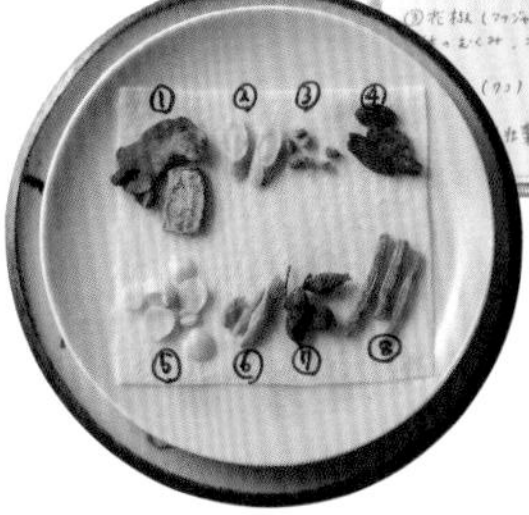

POINT 2

薬膳をとり入れるなど健康に配慮した料理を提供

ユニークな料理コンセプトは、「食べて健康になってほしい」との思いから。油や調味料もオーガニック製品や自然食品を活用する。薬膳をとり入れた蒸しスープを提供する際は、生薬の見本とともにその効能も伝えている。

POINT 3

環境問題にも目を向け地球にやさしい店作りをめざす

ゴミを減らせるよう、ラップやフリーザーバッグは極力控え、くり返し使えるシリコン製のラップ（写真左上）やスタッシャー（右上）を活用。洗剤やスポンジも環境に配慮した製品を使うなど、SDGsに取り組む。「自分たちの店ですから、自分たちが好きなことをしようと思って」と廣木さん。

POINT 4

鎌倉の酒屋から仕入れる自然派ワインをラインナップ

ドリンクの柱である自然派ワインは、鎌倉で100年以上の歴史をもつ鈴木屋酒店から仕入れる。グラスワインは、その日のおすすめ5種類ほどをカウンターに吊るした黒板メニューで紹介。ボトルは5000円台が中心だ。

［材料］
押し豆腐
ミニトマト
パクチー
青ネギ
オリーブオイル

押し豆腐 ネギ山椒ソース

モッツァレラを押し豆腐に、
バジルをパクチーに変換した
fu-fu shisen 版「カプレーゼ」

［材料］
ナス
ズッキーニ
黒酢
山椒油
唐辛子

野菜の甘酢マリネ

色とりどりの野菜をグリルして
甘酸っぱい炒め煮に。
しっかりと冷やすことで味がのる、
定番の冷菜

エノキ レモン山椒マリネ

「濃い味が続く中華における口直しを」と考案。
さっと作れてさっと出せる一品は、
実山椒とレモン果汁の清涼感がポイント

［材料］
エノキタケ
実山椒
レモン果汁

［材料］
新ジャガイモ
唐辛子
ニンニク
中国たまり醤油
バジル

新ジャガイモ バジル炒め

鶏肉を甘辛味の
炒め煮にして
バジルをからめる
台湾料理
「三杯鶏」がモチーフ

九十九里ハマグリの紹興酒蒸し

蒸す際の老酒を最小限にすることでハマグリの風味を前面に出した蒸し汁が完成。しょっつるで旨みを、発酵唐辛子でキレを出す

［材料］
ハマグリ
老酒
しょっつる
軽く炒めたニンニク
発酵唐辛子

イワシの四川スパイス炭火焼き

スパイスを表面と腹の中にまぶして半日おき、風味をなじませてから炭火で香ばしく焼く。ファンも多い、オープン以来の看板料理

［材料］
イワシ
煳辣粉
コブミカンの葉
ミニトマト
ネギ山椒ソース

［材料］
アジ
ニンジン
セロリ
赤タマネギ
豆板醤

ニンジンの甘み、セロリの清涼感、
赤タマネギの辛みとシャキシャキ感。
3素材のバランスが命の
中華版「エスカベッシュ」

アジエスカベッシュ

アンコウの唐辛子煮

乾燥大豆や昆布、香味野菜、スパイスを煮出してとる「大豆スープ」をベースに、豆板醤で旨みと辛みを加えた、煮込み料理

[材料]
アンコウ
カブ
芽菜
豆板醤
大豆スープ

[材料]
マダコの脚
白インゲンマメ
薬膳白湯スープ
オリーブオイル

タコ白インゲンの薬膳白湯煮込み

豚足と白インゲンマメを煮込む四川料理から発想。焼いた魚の骨でとる薬膳白湯スープは、徹底的に臭みを除いて澄んだ味わいに

食べても気づかないお客も多い
「肉を使わない麻婆豆腐」。
大豆ミートにあらかじめ
甜麺醤をからめておくことで、
料理としての一体感を生み出す

麻婆豆腐

［材料］
絹ごし豆腐
大豆ミート
葉ニンニク
大豆スープ
山椒油

［材料］
エビ
ピーマン
火鍋醤
発酵新ショウガ
トマト

香辣蝦
エビの火鍋醤炒め

主役のエビは、尾を残すことで
香ばしさが格段にアップ。
トウガラシと豆板醤、
香味野菜にスパイスを加えた、
自家製の「火鍋醤」が味の決め手

沸騰牡蠣

カキの四川アヒージョ

牡蠣の旨みが薄まるため、
オリーブオイルは入れすぎに注意。
そのオイルを堪能できるよう、
自家製酵母の蒸しパンを添えて
アヒージョスタイルに

［材料］
牡蠣
オリーブオイル
ニンニク
実山椒
トマト

キノコの酸辣粉

のど越しのよい春雨と
キノコの食感が楽しい
真っ赤なスープ料理は、
辛みも酸味も
「ほどよく」がコツ

［材料］
春雨
キノコ類
火鍋醤
大豆スープ
黒酢

剁椒魚《ドウジャオユイ》
キジハタの
発酵唐辛子蒸し

魚の頭に唐辛子をのせて
蒸し上げる湖南省の名菜を、
頭付きのキジハタで。
迫力満点のビジュアルが、
食事の席を盛り上げる

［材料］
キジハタ
発酵唐辛子
ショウガ
オイスターソース
ピーナッツオイル

押し豆腐
ネギ山椒ソース

P.12

【 材料／2人分 】
押し豆腐(細切り) ……… 100g
◎ネギ山椒ソース
　青ネギ ……… 20g
　カシューナッツ(ロースト)
　……… 2g
　実山椒(国産)* ……… 3g
　E.V.オリーブオイル ……… 適量
塩 ……… 適量
ミニトマト(くし切り) ……… 4個
菊の花のピクルス ……… 適量
キクラゲのピクルス ……… 適量
黒コショウ ……… 適量
パクチー ……… 適量

＊実山椒（国産）　実山椒を1分間ほどゆでで、水分をふき取って冷凍保存して活用。実山椒が採れない時季は処理済のものを仕入れている

【 作り方 】
1. 押し豆腐をゆで、ザルに上げる。
2. ネギ山椒ソースの材料をミキサーにかけてペーストにし、塩で味をととのえる。
3. ①の水気をふき取り、ミニトマト、菊の花とキクラゲのピクルス、黒コショウと合わせて②で和え、味が足りないようなら塩を足す。最後にきざんだパクチーを加え混ぜて皿に盛る。

野菜の
甘酢マリネ

P.12

【 材料／3人分 】
ナス ……… 1本
ズッキーニ ……… 1/2本
赤カブ ……… 1/4個
オクラ ……… 4本
黄パプリカ ……… 1/2個
◎甘酢
　テンサイ糖 ……… 大さじ4
　日本酒 ……… 大さじ2
　老酒 ……… 大さじ2
　黒酢 ……… 大さじ3.5
　醤油 ……… 大さじ2.5
　山椒油 ……… 少量
　白コショウ ……… 少量
油* ……… 大さじ1
唐辛子 ……… 適量
ニンニク(薄切り) ……… 適量
ショウガ(薄切り) ……… 適量
実山椒(国産) ……… 適量
花椒(粒) ……… 適量

＊油　同店では炒める際や揚げる際の油はオリーブオイルとヒマワリ油を合わせたものを使用している

【 作り方 】
1. 野菜はそれぞれ食べやすい大きさに切り、ボウルに入れて全体に油(分量外)をなじませる。
2. ①をグリルし、香ばしい焼き色をつける。
3. 甘酢の材料をボウルに合わせる。
4. 鍋に油を熱し、唐辛子を赤茶色になるまで炒めて取り出す。ニンニク、ショウガ、実山椒、花椒を弱火で軽く炒め、先ほど取り出した唐辛子と③の甘酢、②の野菜を入れて炒め煮にする。
5. 少しタレが残った状態で火を止め、バットに移す。時々上下を返しながら粗熱をとる。
6. 冷蔵庫でしっかり冷やして皿に盛る（色味が悪くなるため、翌日までに提供する）。

エノキ
レモン山椒マリネ

P.13

【 材料／3人分 】
エノキタケ ……… 100g
油 ……… 適量
実山椒(国産) ……… 約15粒
塩 ……… 少量
レモン果汁 ……… 1/4個分

【 作り方 】
1. エノキタケの根元を切り落とす。
2. 油を引いた鍋で実山椒を軽く炒め、①を入れてさらに炒める。
3. エノキタケに火が通ったら塩とレモン果汁で調味し、冷蔵庫で冷やして皿に盛る。

新ジャガイモ バジル炒め

P.13

【材料／3人分】

新ジャガイモ……小6個(約150g)
唐辛子……適量
黒コショウ……適量
ニンニク(みじん切り)……適量
A
- テンサイ糖……3g
- 醤油……5g
- 日本酒……6g
- 老酒……4g
- 水……8g
- 中国たまり醤油……少量

バジル……8枚

【作り方】

1. 新ジャガイモを洗ってくし切りにし、3分間ほどゆでてザルに上げる。
2. 粗熱がとれたら180℃の油でキツネ色になるまで2～3分間揚げる。
3. 油を熱した鍋に1cm程度にカットした唐辛子、黒コショウ、ニンニクを入れて炒め、香りが出たらAの材料を加える。沸いたら②を入れ、煮詰める。
4. 少しソースが残った状態でバジルを加え、皿に盛る。

九十九里ハマグリの紹興酒蒸し

P.14

【材料／2人分】

ハマグリ(九十九里産)……5個
老酒……20ml
A
- 醤油　4g
- しょっつる……少量
- 老酒……30g
- ニンニク(みじん切りを軽く炒める)……適量
- 発酵唐辛子*(みじん切り)……少量

パクチースプラウト……適量

＊発酵唐辛子　唐辛子をスパイスとともに5％の塩水に浸け、1週間ほど常温において乳酸発酵させたもの

【作り方】

1. 鍋に水で洗ったハマグリと老酒を入れ、蓋をして3分間強火にかける。
2. ハマグリの殻が開いたら、皿に盛る。
3. ハマグリを取り出した鍋にAの材料を入れて火にかける。沸いたら②のハマグリにかけ、パクチースプラウトを飾る。

アジエスカベッシュ

P.15

【材料／2人分】

アジ……2尾
◎浸け地
- 唐辛子……2.5本
- 油……大さじ4
- ニンニク(みじん切り)……小さじ2
- 豆板醤……大さじ1.5
- 実山椒(国産)……適量
- 老酒……大さじ1
- 水……100ml
- テンサイ糖……小さじ2
- 黒酢……小さじ3
- 塩……3つまみ

◎香味野菜
- 赤タマネギ(せん切り)……1/4個
- ニンジン(せん切り)……1/5本
- セロリ(せん切り)……1/5本
- ショウガ(せん切り)……適量

パクチー……適量

【作り方】

1. 浸け地を作る。半分にカットした唐辛子を油で炒め、香りが出たら唐辛子を取り出してニンニクを炒める。豆板醤、実山椒を入れてさらに炒め、油が赤くなったら老酒を鍋肌に入れ、先ほど取り出した唐辛子、水、テンサイ糖、黒酢、塩を加えてひと煮立ちさせる。
2. 容器に香味野菜を入れ、熱々の①をかけてなじませる。
3. アジはゼイゴを取り、三枚におろす。骨を取り除き、半身を3等分にして塩とコショウ(分量外)をふる。
4. ③のアジに片栗粉(分量外)をまぶし、180℃の油でキツネ色になるまで揚げる。
5. ④を熱々のまま②の容器に入れ、粗熱がとれたら冷蔵庫で冷やす。
6. 皿に盛り、パクチーをのせる。

イワシの四川スパイス炭火焼き

P.15

【材料】

イワシ……適量

A
- 煳辣粉[*]……適量
- 白コショウ……適量
- コブミカンの葉(きざむ)……適量

E.V.オリーブオイル……適量

イタリアンパセリ(きざむ)……適量

ミニトマト(くし切り)……適量

ネギ山椒ソース(「押し豆腐 ネギ山椒ソース」参照)

＊煳辣粉(フーラーフェン)　唐辛子と花椒を乾煎りして粉末にしたもの

【作り方】

1. イワシのウロコを引いて内臓とエラを取り、よく洗って水気をふき取る。

2. 表面に軽く塩(分量外)をふって1時間おき、ペーパータオルで水気をふき取る。

3. Aのスパイス類を②の表面と腹の中にしっかりとまぶし付け、冷蔵庫で半日おく。

4. ③を炭火で香りよく焼く。

5. 皿に盛り、E.V.オリーブオイルをかけてイタリアンパセリを散らす。ミニトマトを添え、ネギ山椒ソースをかける。

アンコウの唐辛子煮

P.16

【材料／2人分】

アンコウ(切り身)……100g

A
- 塩……1つまみ
- 日本酒……小さじ1
- 老酒……小さじ1
- 白コショウ……適量

片栗粉……小さじ1

油……少量

◎煮汁

油……大さじ2

ニンニク(みじん切り)……適量

豆板醤……大さじ1

芽菜[*1](みじん切り)……1つまみ

老酒……大さじ1

日本酒……大さじ1

大豆スープ[*2]……200ml

テンサイ糖……小さじ1/2

醤油……小さじ1/3

カブ(くし切り)……適量

スナップエンドウ……適量

水溶き片栗粉……適量

煳辣粉……大さじ1

油……40cc

パクチー……適量

＊1 芽菜(ヤーツァイ)　主に四川料理に使われる青菜の芽の醤油漬け。コリコリとした歯ごたえが特徴

＊2 大豆スープ　乾煎りした乾燥大豆を昆布と一緒に24時間水に浸け、長ネギ、タマネギ、ショウガ、ニンジン、黒粒コショウ、花椒、唐辛子、コリアンダーシードを加えて1時間程度煮出し、漉したもの

【作り方】

1. アンコウを一口大に切ってボウルに入れ、Aの調味料で下味をつける。片栗粉を加え混ぜ､油をまわしかける。

2. 煮汁を作る。鍋に油を熱してニンニク、豆板醤、芽菜を入れ、香りが出るまで炒める。鍋肌に老酒と日本酒を入れ、大豆スープ、テンサイ糖、醤油を加える。

3. ①のアンコウとカブ、スジを取ったスナップエンドウを入れ、弱火にかける。

4. ③の液体が半量くらいになり、アンコウが柔らかくなったら味を確認し、水溶き片栗粉で軽くとろみをつける。

5. ④を火から下ろし、中心に煳辣粉をのせる。熱した油を煳辣粉の上にやさしくかける(油は熱しすぎると煳辣粉が焦げるので、煳辣粉がシュワーッと音をたて、湯気が出るくらいの温度とする)。

6. ⑤の鍋を中火にかけ、上澄みの油を軽く混ぜて器に盛る。きざんだパクチーをのせる。

タコ 白インゲンの薬膳白湯煮込み

P.16

【材料／3人分】

マダコの脚(生)……2本(約400g)

昆布水[*1]……適量

A
- 塩……適量
- ニンニク(軽くつぶす)……適量
- ローリエ……適量

白インゲンマメ……50g

水……適量

ニンニク(軽くつぶす)……適量

ローリエ……適量

薬膳白湯スープ[*2]……100ml

唐辛子(小米辣)……4本

実山椒（国産）……適量
塩……適量
イタリアンパセリ（きざむ）……適量
E.V.オリーブオイル……適量

＊1 **昆布水**　水に昆布を浸して一晩おき、沸かしてから昆布を取り出したもの
＊2 **薬膳白湯スープ**　割って中の血管をよく洗い流した白身魚の中骨を250℃のオーブンで15～20分間キツネ色になるまで焼き、出てきた脂を流水で洗う。寸胴に干し貝柱、スルメ、長ネギ、トマト、ショウガ、ニンニク、黒コショウ、ローリエ、実山椒、黄耆、党参などとともに入れて水をひたひたにし、強火で30分間煮立たせて1/3量程度まで煮詰め、漉して作る

【作り方】
1. マダコの脚を24時間冷凍した後、解凍しておく。粗塩（分量外）でよく揉み、水で洗い流して臭みとぬめりを取る。
2. 昆布水にAを入れて沸かし、①のタコと一緒にボウルに入れ、70分間蒸籠で蒸す。
3. 白インゲンマメを一晩水に浸け、軽く洗う。
4. 鍋に③、ひたひたより多めの水、ニンニク、ローリエを入れて中火にかけ、40～45分間コトコトと煮る。豆が柔らかくなったら薬膳白湯スープ、唐辛子、実山椒を加える。
5. ②のタコを一口大に切り、④に加えて塩で味をととのえる。1分間ほど火にかけ、なじんだら器に盛る。イタリアンパセリとE.V.オリーブオイルをかける。

麻婆豆腐
P.17

【材料／2人分】
絹ごし豆腐……1/2丁
大豆ミート……大さじ1.5
酒……適量
甜麺醤……適量
A
- 油……大さじ6
- ニンニク（みじん切り）……適量
- 豆板醤……大さじ1.5
- 煳辣粉……適量

老酒……大さじ1
日本酒……大さじ1
大豆スープ……100ml
葉ニンニク（ざく切り）……適量
長ネギ（みじん切り）……適量
水溶き片栗粉……適量
山椒油……適量
青山椒（粉）……適量

【作り方】
1. 絹ごし豆腐をカットする。
2. 鍋に豆腐が浸かる程度の水と塩2つまみ（分量外）を入れ、①を入れて火にかける。沸く寸前でザルを重ねたボウルにお湯ごと移す。
3. 水でもどした大豆ミートの水気を絞り、酒で溶いた甜麺醤をからめながら炒める。
4. 鍋にAを入れ、油が赤く色づくまで中火で炒める。③の大豆ミートを入れて鍋肌に老酒と日本酒を加え、大豆スープを注ぐ。お湯をきった②の豆腐を入れて中火で煮る。
5. 葉ニンニクと長ネギを入れ、水溶き片栗粉でとろみをつける。仕上げに強火にし、鍋肌で焦がした香りをつけ、山椒油を加える。
6. 器に盛り、青山椒をふる。

香辣蝦
エビの火鍋醤炒め
P.17

【材料／2人分】
エビ……4尾
A
- 塩……2つまみ
- 白コショウ……少量
- 老酒……少量
- 片栗粉……2つまみ
- 油……小さじ1

ピーマン（縦に4等分）……1個
油……大さじ2
唐辛子……適量
B
- ニンニク（みじん切り）……適量
- 火鍋醤[*1]……小さじ2
- 実山椒（国産）……適量
- 発酵新ショウガ[*2]（細切り）……適量
- ローリエ……1枚
- トマト（みじん切り）……1/4個

老酒……大さじ2
テンサイ糖……1つまみ
醤油……小さじ1/2

＊1 **火鍋醤**　お湯に一晩浸けて戻した朝天辣椒をお湯ごと煮詰めてミキサーにかけ、その3倍量の自家製豆板醤と合わせる。さらに香味野菜を揚げてから15種類のスパイスを加えて3日間おいて漉した香味油を合わせて2時間弱火で炊き、漉したスパイスを戻して冷蔵庫で保存して使用する
＊2 **発酵新ショウガ**　新ショウガをスパイスとともに5％の塩水に浸け、1週間ほど常温において乳酸発酵させたもの

【作り方】

1. エビの尾を残して殻をむき、背ワタを取って軽く塩（分量外）をふってよく揉む。粘りが出たら水で洗い、ペーパータオルで水気をふく。

2. ①にAの塩と白コショウ、老酒を入れてよく揉み、片栗粉を加えてなじませ、さらに油を加える。

3. ピーマンを油で素揚げする。

4. 油を熱した鍋で適宜に切った唐辛子を炒め、赤茶色になったら取り出す。その鍋で②のエビを両面焼き、火が通ったらエビを取り出す。

5. ④の鍋にBの材料を入れて炒め、老酒を鍋肌からまわし入れる。テンサイ糖、醤油、④の唐辛子とエビ、③のピーマンを入れ、強火で一気に炒める。

6. ⑤を皿に盛る。

沸騰牡蠣
カキの四川アヒージョ

P.18

【材料／2人分】

牡蠣……6個

A
- **塩……1つまみ**
- **日本酒……小さじ1/2**
- **老酒……小さじ1/2**
- **白コショウ……適量**

オリーブオイル……適量

B
- **ニンニク（みじん切り）……適量**
- **実山椒（国産）……適量**
- **塩……適量**
- **トマト（みじん切り）……1/5個**

朝天辣椒……適量

唐辛子……適量

自家製酵母の蒸しパン……1個

【作り方】

1. 牡蠣を水で洗い、水気をふき取る。Aの調味料で下味をつける。

2. アヒージョ鍋に牡蠣が半分浸かる程度までオリーブオイルを入れ、Bの材料を入れて炒める。香りが出たら①の牡蠣を入れる。

3. 別鍋で朝天辣椒と唐辛子を赤茶色になるまで炒めて②に入れ、軽く煮込む。

4. 自家製酵母の蒸しパンを別皿で添えて提供する。

キノコの酸辣粉

P.18

【材料／2人分】

春雨（サツマイモ）……適量

油……大さじ3

ニンニク（みじん切り）……適量

火鍋醤……大さじ2

老酒……大さじ3

大豆スープ……250ml

キノコ（マイタケ、アワビタケ、エノキタケ、シイタケ）……適量

醤油……大さじ2

黒酢……大さじ2

白コショウ……適量

パクチー（きざむ）……適量

【作り方】

1. 春雨は1時間ほど水に浸け、食べやすい長さに切って1分間ほどゆでておく。

2. 鍋に油を引いてニンニクを炒め、火鍋醤、老酒を鍋肌から入れて、大豆スープを注ぐ。

3. 適宜に切ったキノコと①の春雨、醤油、黒酢を入れて中火で煮る。

4. キノコと春雨が柔らかくなったら白コショウをふり、器に盛ってパクチーをのせる。

剁椒魚
キジハタの発酵唐辛子蒸し

P.19

【材料／4人分】

キジハタ……半身（400g）

A
- **発酵唐辛子（みじん切り）……4本分**
- **ニンニク（みじん切り）……小さじ2**
- **ショウガ（みじん切り）……小さじ2**
- **オイスターソース……大さじ1**
- **青ネギ（小口切り）……3本分**

B
- **しょっつる……小さじ1**
- **醤油……大さじ1**
- **砂糖……小さじ1**

青ネギ（小口切り）……3本分

ピーナッツオイル……大さじ3

【作り方】

1. キジハタのウロコを引いて、頭を付けたまま二枚におろす。頭付きの身の切り口側に軽く塩（分量外）をふって30分ほどおき、水分をふき取る。皿に切り口が下になるように置く。

2. Aの材料をボウルに合わせて①の表面にぬり、蒸籠で13～14分間蒸す。

3. ②の蒸し汁とBの調味料を鍋に入れ、ひと煮立ちさせる。

4. ②のキジハタの上に青ネギをのせ、熱したピーナッツオイルをかける。③を全体にかける。

東京・代々木上原

2 按田餃子 代々木上原パワー店

東京都渋谷区西原3-7-5
渡部ビル1階-B
㊆ 03-6407-9881

【店舗規模】10坪
【客席数】テーブル16席
【開業】2022年12月
【客単価】昼：1500円、夜：2500円

お客の日々の暮らしを「助けたい、包みたい」気持ちと食材のエコシステムが原動力の、進化系「町の餃子食堂」

健康によい料理を作りたい、素材を始末よく使いたい。それがいつも出発点です

代々木上原本店、二子玉川店に続き、2022年末に本店近くにオープンした「按田餃子 代々木上原パワー店」。カウンター主体の本店と異なりテーブル席主体で、グループ客にも利用しやすい。

開業10周年を迎えた今も、行列が絶えない本店。店頭で冷凍餃子やテイクアウトの麻婆豆腐などを購入するお客も多い。

按田餃子　店主

按田優子

1976年東京生まれ。ヴィーガン菓子の開発や「Kanbutsu Cafe」店長を経て、2012年に共同経営者の鈴木陽介さんと「按田餃子」を開業。南米・ペルーでの食品加工支援にも携わる。

「女性1人で気兼ねなく立ち寄れる餃子食堂」という新たな飲食店の形を定着させた「按田《あんだ》餃子」。按田優子さんが手がける健康的でひねりの効いた料理と店内のゆったりした空気感が支持を集め、2022年には3号店がオープンした。

ハト麦粉使用の水餃子4種を中心に、海藻や青菜をふんだんに使う約25品のメニューは全店ほぼ共通で、開業以来変わらぬ品も多い。これは、「無駄を出さない始末のよさ」と「オペレーションの最適化」を考えた結果だと按田さんは話す。たとえば餃子に使う野菜の端材は漬物になるし、生地の残りは中華麺に転用。ゆで豚に至っては脂を石鹸に加工するほどの突き詰めぶりだ。また、オペレーション面では多数（50人超！）のスタッフが混乱なく働けるよう、調理技術の差が出にくい蒸し器とゆで麺器をフル活用する。いわば、按田餃子の「エコシステム」にピタリとはまった料理だけが新作として登場するのだ。

ただし、こうしたコンセプトはあくまでも裏設定。「押し付ける気持ちはないんです」という言葉どおり、今日も定食をパッと食べて席を立つ女性から、カップル、男性客、家族連れまであらゆるお客が気ままに時間をすごしていく。まさに「町の餃子食堂」の面目躍如といった趣だ。

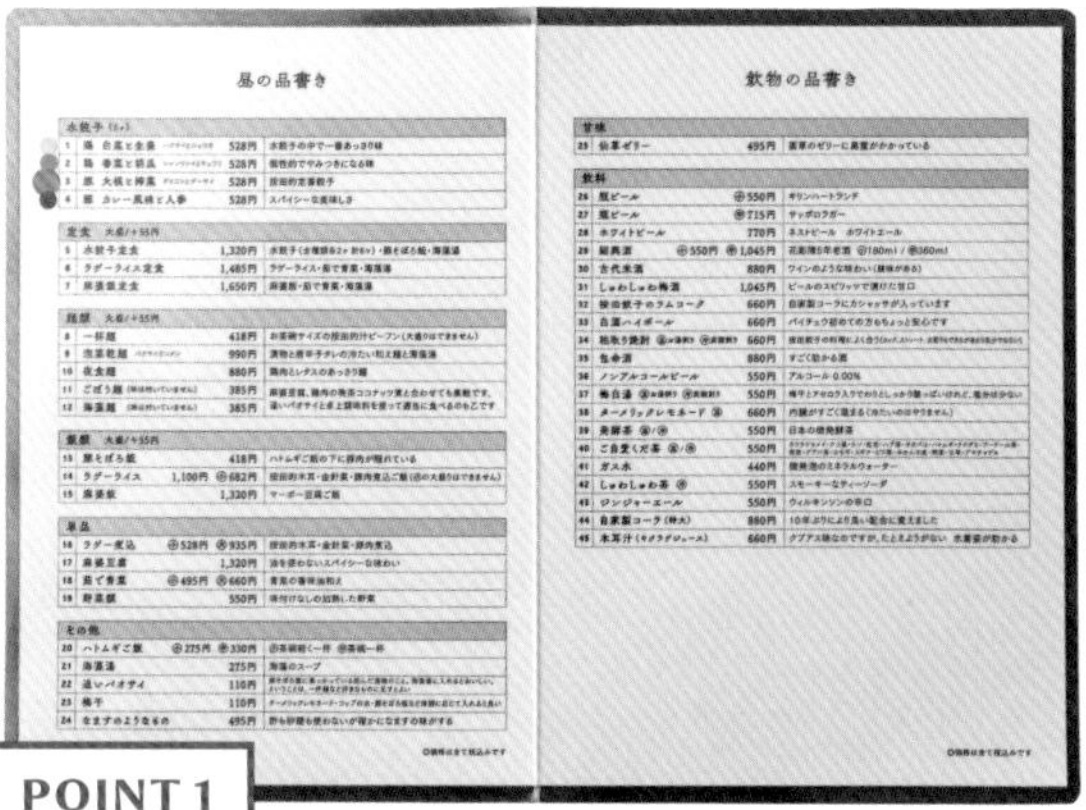

POINT 1

4つの味の水餃子を中心に 創業以来10年変わらぬ品も多数

メニューは料理25品、ドリンク25品ほどを用意。「なますのようなもの／酢も砂糖も使わないが確かになますの味がする」といったどこかとぼけた料理名や説明文は、共同経営者で写真家の鈴木陽介さんの手によるものだ。ドリンクは自家製ラムコークなどの他に、「発酵茶」、「ご自愛くだ茶」などノンアルコールにも力を入れる。

POINT 2

調理場でも、卓上でも有能な 各種の自家製調味料

「万能醤油」「豆鼓スパイス」「ヤンニョム」「味の要」などの自家製調味料は、味のベースとして用いる他、卓上調味料や物販商品としても活躍。運営面では、調理スタッフごとの味のブレを防ぐ狙いもある。

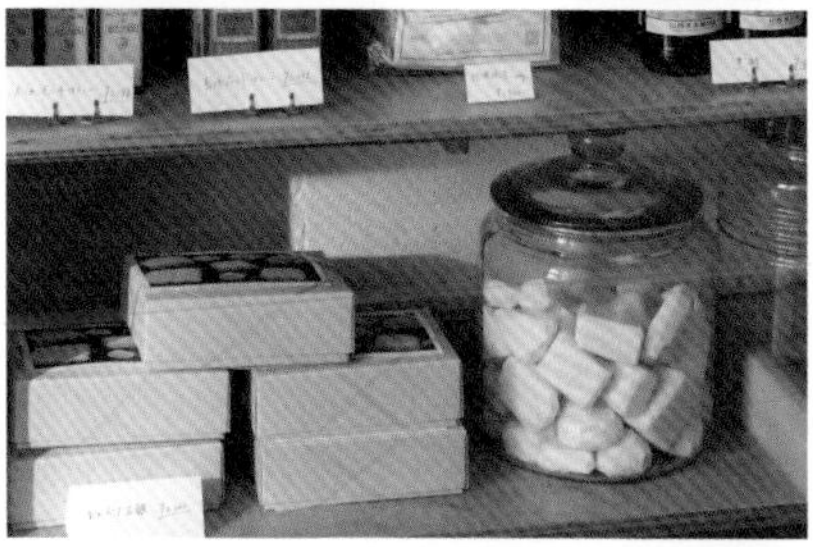

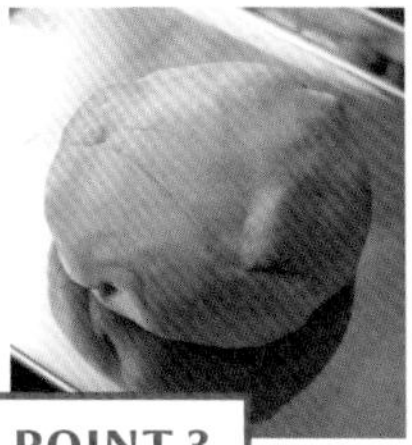

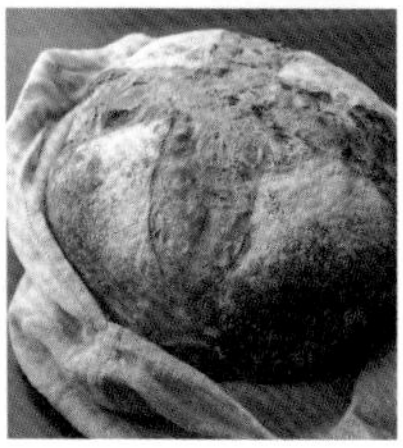

POINT 3

食材を「使いきる」前提で オペレーションを考える

按田餃子の「エコシステム」の一例。ゆで豚（写真上）は、煮込み料理に使う他、ほぐせば「豚そぼろ飯」（P.37）のそぼろに早変わり。ゆで豚のゆで汁は麺のスープなどに使い、脂はラードに、さらに余ったラードは石鹸（中）に……と始末の心ですべてを使いきる。餃子の生地（下左）は中華麺にする他、切れ端を集めて焼いたパンがまかないに登場することも。その名も「だめ皮パン」（下右）。

金針菜と海藻の和え物

金針菜にアラメとニラをプラス。
自家製「万能醤油」と
南米産インカインチオイルで
味の輪郭を浮き上がらせる

［材料］
金針菜
アラメ
ニラ
万能醤油
インカインチ
オイル

人参とマンゴーの和え物

酢でふやかしたドライマンゴーに
ニンジンの糠漬けを合わせ、
「整体やエステの後に最適」な
さっぱり酸っぱい和え物に

［材料］
ドライマンゴー
ニンジンの糠漬け
タマネギ
レモン

青菜炒め

自家製ラードで炒めた
コマツナが主役。
水気を吸ったヒジキも
またおいしい、
店で唯一の炒め物

[材料]
コマツナ
ヒジキ
ラード
万能醤油

茹で青菜

ゆでた季節の青菜
ニギスの魚醤と
オイルで和えるだ
隠れた人気を誇る
シンプル・イズ・
ベストの一品

［材料］
コマツナ
カブ
魚醤
インカインチオイル

［材料］
ヒヨコマメ
粒マスタード
魚醤
マスタードオイル

ひよこ豆

ヒヨコマメにマスタードオイルをきかせて。
そのままおつまみにするもよし、
麺やご飯にトッピングするもよし

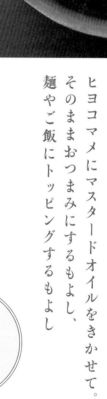

水餃子
大根と搾菜

按田餃子の代名詞、
ハトムギ粉のもちもち水餃子は
一番人気の「大根と搾菜」、
鶏肉使用の「白菜と生姜」「香菜と胡瓜」、
変わり種の「カレー」の４種体制

［材料］
餃子の皮
豚挽き肉
ダイコン
ザーサイ
万能醤油

［材料］
ニンジンの端
ダイコンの皮
コマツナの茎
パクチーの根
芽キャベツ

泡菜

野菜の端材と餃子用野菜の
絞り汁を活用。
無駄を削ぎ落として生まれる
おいしさがここに

泡菜乾麺
（海藻スープ付き）

餃子の生地を中華麺に転用。
蒸し鶏と泡菜をのせた和え麺に
途中でスープを注いでもおいしい

［材料］
自家製麺
蒸し鶏
豆苗
ヒジキ
泡菜

［材料］
鶏の腿肉
阿波晩茶
ココナッツミルク
キュウリ
白味噌

鶏肉の晩茶ココナッツ煮

ココナッツミルクで煮た塩鶏を
阿波晩茶の酸[illegible]
ごろりとしたキュウリでさっぱりと。
麺やご飯を追加すれば
アレンジ自由自在

一杯麺

日本の稲作文化に思いを馳せ、
米粉のビーフンを汁麺に。
小ぶりなサイズは締めに最適

［材料］
ビーフン
ゆで豚
ヒジキ
ダイコン

［材料］
キクラゲ
ドライプルーン
黒砂糖
レモン

［材料］
ターメリック
パウダー
ショウガ
レモン
ハチミツ

ターメリックレモネード（左）
木耳汁（右）

ターメリックたっぷりのホットレモネードや、
ぷるぷる食感のキクラゲジュースなど
ノンアルドリンクも個性豊か

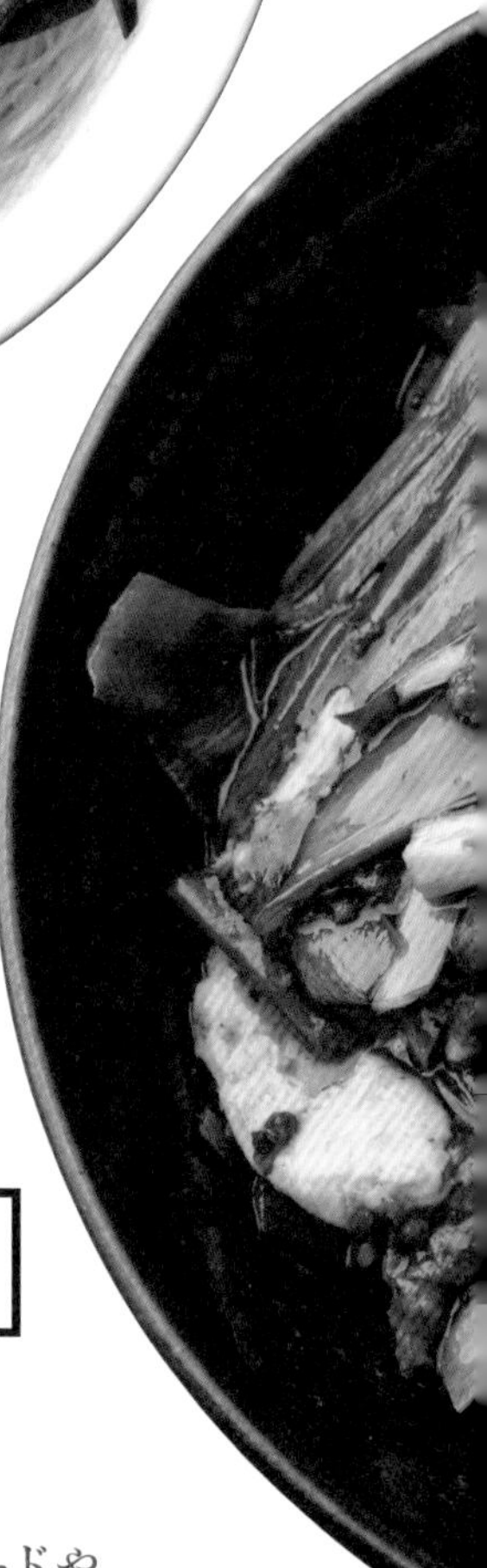

豚そぼろ飯

泡菜と針ショウガをのせた
ハトムギご飯の下に、
たっぷりの豚そぼろ。
按田餃子流「屋台飯」

[材料]
ハト麦ご飯
ゆで豚
泡菜
ショウガ
魚醤

麻婆豆腐

自家製ヤンニョムと
豆鼓スパイスが味の決め手。
仕上げのニラは半生の火入れで

[材料]
豚挽き肉
豆腐
ニラ
ヤンニョム

金針菜と海藻の和え物

P.30

【 材料／2人分 】

金針菜(乾物) ……… 20g
アラメ(乾物) ……… 5g
ニラ(ざく切り) ……… 1/8束
万能醤油(P.42参照)の固形分*1 ……… 大さじ1
インカインチオイル*2 ……… 大さじ1

＊1 万能醤油の固形分　万能醤油の底に溜まった干しエビやザーサイを使用

＊2 インカインチオイル　ペルー・アマゾンの熱帯雨林に分布する蔓性常緑樹、サチャインチの実から作るオイル。オリーブオイルよりクセが少なく、ほのかに青草のような味がする。按田餃子では料理の仕上げに多用する

【 作り方 】

1. 金針菜を熱湯でゆでてもどす。水にさらして汚れを落とし、軽く絞る。アラメも同様にもどしておく。
2. フライパンで①の金針菜に万能醤油を炒りつけ、冷ます(この状態で1週間ほど冷蔵保存できる)。
3. ②にもどしたアラメと長さ5cmの縦細切りにした生のニラを合わせ、インカインチオイルで和える。

人参とマンゴーの和え物

P.30

【 材料／2人分 】

ドライマンゴー ……… 10g
米酢 ……… 適量
ニンジンの糠漬け*(細切り) ……… 50g
紫タマネギ(薄切り) ……… 適量
レモン果汁 ……… 適量
レモン(薄切り) ……… 適量
青唐辛子(斜め切り) ……… 適量

＊ニンジンの糠漬け　ニンジンの泡菜(39ページ)を使用してもよい

【 作り方 】

1. ドライマンゴーに米酢をふりかけて柔らかくし、細切りにする。
2. ①、ニンジンの糠漬け、紫タマネギを合わせ、レモン果汁で和える。
3. 器に盛り、レモンの薄切りと青唐辛子を好みでのせる。

青菜炒め

P.31

【 材料／2人分 】

コマツナ(ざく切り) ……… 200g
長ヒジキ(もどしてざく切り) ……… 50g
ラード* ……… 適量
万能醤油(P.42参照) ……… 適量

＊ラード　「ゆで豚」(「豚そぼろ飯」参照)を作る際に出た脂で作った自家製のラード

【 作り方 】

1. 冷たいフライパンにラードと万能醤油を入れて火にかける。
2. ①の醤油がじわじわ泡立ってきたらコマツナの茎と長ヒジキを入れて炒める。コマツナの茎から出た水分を長ヒジキが吸ってふっくらしてきたら、コマツナの葉を加えてさっと炒め合わせる。

茹で青菜

P.32

【 材料／2人分 】

野菜(コマツナ、ハクサイ、キャベツ、カブなど) ……… 200g
魚醤* ……… 5g
インカインチオイル ……… 10g

＊魚醤　富山湾で漁獲された魚、ニギスで造る「魚しょうゆ」を使用。製造工程で醤油麹を加えて発酵させるため、魚醤らしいキレのよさと、大豆醤油を思わせる柔らかな風味を兼ね備える

【作り方】

1. 野菜は必要なら皮をむき、食べやすい大きさに切り揃えてゆでる。

2. ザルにとり、水気をきる。熱いうちに魚醤とインカインチオイルで和える。

ひよこ豆

P.32

【材料／2人分】

ヒヨコマメ(乾物)……30g

A
- 粒マスタード……小さじ2
- 魚醤……大さじ1弱
- マスタードオイル(またはナタネ油)……小さじ1
- カレー粉(または味の要[*])……少々

＊味の要　コリアンダー、ガラムマサラ、発酵黒ショウガなどを合わせたオリジナル調味料

【作り方】

1. ヒヨコマメは一晩水に浸けてふやかす（そのまま冷蔵庫で1週間ほど保管できる）。

2. ①のヒヨコマメを6分間ゆでて、Aの調味料で和える（そのままつまみにする他、「豚そぼろ飯」や「泡菜乾麺」のトッピングにしてもよい）。

泡菜

P.33

【材料】

◎発酵液

野菜の絞り汁[*1]……100g

塩……6g

野菜の端材……適量

野菜(ニンジン、ダイコンとその皮、コマツナとその根、芽キャベツ、菊芋、ゴボウ、ピーマンなど)[*2]……100g

＊1 野菜の絞り汁　水餃子用のダイコンやハクサイを絞った際に出る水分を使用

＊2 野菜　野菜は何を使ってもよい。按田餃子では、餃子やその他の料理に用いた野菜の端材や皮、根なども活用する。発酵液を作る際は、ダイコンやハクサイなど水分が出やすい野菜を入れると発酵しやすい

【作り方】

1. 発酵液を作る。野菜の絞り汁に塩を溶かし、野菜の端材を入れて密封する。

2. ①を常温におき、液体から泡が生じるまで発酵させる。野菜の端材を味見して酸味が出ているようなら使いはじめられる(使いはじめまでの目安は冬で5日、夏で3日ほど)。

3. 食べやすい大きさに切った野菜を発酵液に入れて一晩おく。

水餃子
大根と搾菜

P.33

【材料／15個分】

◎餃子の皮

小麦粉……100g

ハト麦全粒粉……小さじ2

水……50cc

◎餡

ダイコン……70g

塩……1つまみ

豚挽き肉……70g

万能醤油(P.42参照)……10g

【作り方】

1. 餃子の皮を作る。材料をすべて混ぜ合わせ、よく練る。最初は硬いので、途中で5分間ほどおいて生地がゆるんだら再度練るようにする。生地がひとまとまりになり、表面がつるつるになったら練り上がり。

2. ①の生地を餃子1個あたり10gずつとって丸める。打ち粉（分量外）をし、麺棒で厚さ2～3mmにのばす。

3. 餡を作る。ダイコンをスライサーで細切りにして、軽く塩をする。しばらくおき、水分を絞る。

4. ③、豚挽き肉、万能醤油を混ぜて、練る。

5. 餃子の皮で④の餡を包み、4分間ゆでる。提供時に、まずはそのまま食べ、必要なら卓上調味料（餃子のタレ、豆鼓スパイス、味の要）を付けるようすすめる。

泡菜乾麺
（海藻スープ付き）

P.34

【 材料／1人分 】

自家製麺[*1] …… 150g

◎タレ

インカインチオイル …… 10g

七味唐辛子 …… 小さじ1/4

ヤンニョム（P.42参照）

…… 5g

魚醤 …… 5g

◎具材

蒸し鶏[*2]（細切り） …… 30g

豆苗（ざく切り） …… 10g

長ヒジキ（もどしておく） …… 10g

泡菜（小角切り） …… 30g

◎海藻スープ

ゆで豚のゆで汁

（「豚そぼろ飯」参照） …… 150ml

塩 …… 1g

醤油 …… 1g

とろろ昆布[*3] …… 1g

＊1 自家製麺　餃子の皮の生地（「水餃子 大根と搾菜」参照）を厚さ2mm、幅2mmほどに切り揃えたもの

＊2 蒸し鶏　鶏の胸肉に塩とコショウをして蒸したもの

＊3 とろろ昆布　酢が入っていないものを選ぶ

【 作り方 】

1. 自家製麺をゆでる。流水にさらして締める。

2. タレの材料をすべて混ぜる。

3. 器に麺を盛り、具材をのせ、タレをかける。海藻スープ（後述）とともに提供する。

4. 海藻スープを作る。ゆで豚のゆで汁を温め、塩と醤油で味をととのえる。とろろ昆布を入れた茶碗に注ぐ。

鶏肉の
晩茶ココナッツ蒸し

P.35

【 材料／1皿分 】

鶏の腿肉（骨付き） …… 4本

塩 …… 適量

白味噌 …… 適量

阿波晩茶[*] …… 5g

ココナッツミルク …… 200ml

唐辛子 …… 1本

キュウリ（皮をむいて6等分）

…… 1/2本

パクチー …… 適量

＊阿波晩茶　徳島県で生産される乳酸菌発酵茶（後発酵茶）の総称。乳酸菌由来の酸味が特徴

【 作り方 】

1. 鶏の腿肉に塩をまぶす。常温で2時間以上おいて水気を出す。

2. ①の肉の水気をふき取り、白味噌をまぶす（そのまま冷蔵庫で保存してもよい）。

3. お湯を沸かし、阿波晩茶に注いでおく。

4. 耐熱性の容器に②、ココナッツミルク、唐辛子、③のふやけた茶葉を入れ、ラップをして20分間蒸す（阿波晩茶の液体は「発酵茶」として別途提供する）。

5. ④にキュウリを加え、さらに10分間蒸す。

6. 蒸し上がったら味を見て、足りなければ塩を足す。

7. 器に盛り、パクチーを散らす。

ターメリック
レモネード

P.36

【 材料／1人分 】

◎ターメリックレモネードの素

ターメリックパウダー …… 1g

ショウガ（すりおろし） …… 10g

ハチミツ …… 10g

お湯 …… 150ml

レモン（くし切り） …… 2個

【 作り方 】

1. ターメリックレモネードの素の材料をあらかじめ合わせておく。

2. グラスに①を入れ、お湯を注ぎ、混ぜる。レモンを搾り、そのままのせて提供する。

木耳汁

P.36

【 材料／1人分 】

キクラゲ（乾物。もどしておく）

…… 30g

ドライプルーン（種を抜く）

…… 10g

クコの実 …… 5g

黒砂糖 …… 5g

水 …… 100ml

レモン（くし切り） …… 1個

【 作り方 】

1. レモン以外の材料をすべて合わせ、ミキサーで回す。回したてはしゃばしゃばの状態だが、しばらくすると凝固してプルプルになる。プルプルの状態で使用する。

2. ①をグラスに注ぎ、レモンを搾り、そのままのせて提供する。

一杯麺

P.36

【材料／1人分】

ビーフン……40g

◎スープ

　ゆで豚のゆで汁

　（「豚そぼろ飯」参照）……150ml

　塩……1g

　醤油……1g

◎具材

　ゆで豚（「豚そぼろ飯」参照）

　……10g

　A
　　醤油……5g

　　ショウガ（すりおろし）……1g

　　豆鼓スパイス（P.42参照）

　　……1g

　　八角*（きざむ）……少量

　アラメ（もどしておく）……5g

　ダイコン（細切り）……10g

パクチー……少量

＊八角　ゆで豚を作った際に使ったもの

【作り方】

1. ビーフンを水でもどしておく（この状態で1週間程度冷蔵保存できる）。

2. スープを作る。ゆで豚のゆで汁を温め、塩と醤油で調味する。

3. 具材のゆで豚をほぐし、フライパンで温める。Aを加え、炒りつける。アラメは食べやすい大きさに切り、ダイコンは一瞬熱湯にくぐらせてから水気を絞る。

4. ①のビーフンを10秒間だけ湯通しして器に盛る。②のスープを注ぎ、③の具材とパクチーをのせる。

麻婆豆腐

P.37

【材料／2人分】

豚挽き肉……50g

ヤンニョム（P.42参照）……20g

砂糖……2g

「ゆで豚」のゆで汁……50ml

豆腐（厚さ1cmに切る）……1/2丁

豆鼓スパイス（P.42参照）……5g

醤油……適量

ニラ（ざく切り）……30g

水溶き片栗粉……15g

【作り方】

1. 豚挽き肉にヤンニョムと砂糖を合わせて混ぜる。

2. ①を冷たいフライパンに入れて火にかける。弱火で挽き肉に火を通す。

3. ②に「ゆで豚」のゆで汁を加えて沸かし、豆腐と豆鼓スパイスを入れて5分間ほど煮る。豆腐が中まで温まったら味を見て、好みで醤油を加える。

4. ニラを加え、すぐに水溶き片栗粉でとろみをつけ、皿に盛る（ニラはほとんど生の状態）。

豚そぼろ飯

P.37

【材料／1人分】

◎ゆで豚（作りやすい分量）

　豚の肩ロース肉……500g

　水……1000ml

　八角……1/2個

魚醤……小さじ1

豆鼓スパイス（P.42参照）

……小さじ1/2

ハト麦ごはん*……150g

ショウガ（細切り）……5g

泡菜（小角切り）……15g

＊ハト麦ごはん　白米に10％のハト麦を混ぜて炊いたもの

【作り方】

1. ゆで豚を作る。豚の肩ロース肉を水からゆでる。沸騰したらアクをとり、八角を入れる。

2. 蓋をして弱火で1時間半ほどゆでる。肉をトングで持ち上げたとき、ポロリとほぐれるくらいの柔らかさになったら火を止める。

3. 鍋ごと氷水にあてて急冷する。表面に凝固したラードは取り分け、豚肉はスープに浸けて保管する。

4. ③のゆで豚をほぐして魚醤と豆鼓スパイスで調味する。

5. 茶碗の底に④を盛り、熱々のハト麦ごはんをよそう。ショウガと泡菜をのせる。混ぜて食べるようすすめる。

万能醤油

【材料】
ザーサイ(塩抜きしていないもの)
……100g
醤油……100g
酒……10g
干しエビ……10g
干しシイタケ……10g

【作り方】
1. すべての材料を容器に入れて一晩おく。
2. ザーサイ、干しエビ、干しシイタケを取り出してきざみ、液体に戻し入れる。

「按田餃子の味と言ったらこれが香る調味料」がコンセプト。漬物と乾物の旨みを凝縮した液体分、瓶底に沈殿した固形分をともに用いる。使用時は料理全体にまんべんなく味を行きわたらせるのではなく、アクセント的に用いるのがポイント

豆鼓スパイス

【材料】
豆鼓……100g
黒粒コショウ……10g
フェンネルシード……10g

【作り方】
すべての材料を合わせ、ミルサーにかけてパウダー状にする。

七味唐辛子のように気軽に使える、豆鼓ベースのミックススパイス。魚料理、肉料理、餃子などなんでも合うが、特にオリーブオイルと好相性

ヤンニョム

【材料】
長ネギ……100g
ショウガ……50g
ニンニク……50g
A
- **花椒(粒)……100g**
- **黒粒コショウ……5g**
- **アニスシード……2g**
- **フェンネルシード……5g**
- **シナモン……2g**
- **唐辛子*……150g**

醤油……200g

＊唐辛子　キムチ用の、辛みのおだやかなタイプを使用

【作り方】
1. 長ネギ、ショウガ、ニンニクをフード・プロセッサーにかける。
2. Aをミルサーで挽く。
3. ①、②、醤油を混ぜる。

麻婆豆腐や泡菜乾麺のタレに使う辛み調味料。好みで七味唐辛子を加えて、柑橘の香りをプラスしてもよい

エビ 塩麹 炒め煮、 1100
茎ワカメ豚バラ薄切り、ガーリックソース 1400
卵、春雨スープ 1300
卵 とろとろ炒め 1400
のホイコーロー 1400
お試し 80ml
・ほぐし牛スジチャーハン
・キレッキレの田舎和えメン
・伊豆大島の塩(海の精)卵
・〃 サッパリしてるあんかけ
おせち予約受付中です。
乳酸発酵
漬け物

中国・成都で食べた
家庭料理がテーマ。
日常的に使えるよう
価格を抑え、地元客に
その滋味を届ける

東京・巣鴨

3

四川家庭料理 中洞

東京都文京区千石4-43-5
ラピュタ千石大武ビル1階
電 03-5981-9494

【店舗規模】17坪
【客席数】カウンター4席、テーブル22席
【開業】2018年8月
【客単価】昼：1200円
夜：3500円

しみじみおいしく、
何度食べても飽きない
味をめざしています

四川家庭料理 中洞　店主

中洞新司

1982年愛知県生まれ。調理師学校卒業後、「南国酒家」を経て「芝蘭」に入店。29歳で渡中し、1年半四川大学に語学留学しながら現地の店でも働く。帰国後は再び芝蘭に入り、神楽坂店の料理長を約3年間務め、2018年に独立。

JR巣鴨駅から徒歩7分ほど。温もりあふれる店内は、中洞氏が自ら描いた愛らしいパンダの絵がアクセント。1200円〜のランチを求めて通う地元の常連客も多い。

東京・巣鴨の下町風情が残る商店街の一角に店を構える「四川家庭料理 中洞《なかほら》」は、中洞新司さんがサービス担当の麻衣子さんと夫婦で営む店。中洞さんが中国・成都での滞在中に魅せられた現地の家庭料理をベースに、日本人にも親しみやすいよう、軽やかかつキレのある味を心がける。特別な日の食事ではなく、日常的に通える店にしたかったため、全体的に価格は抑えめ。440円〜の単品メニューを50品超揃え、その日の気分に合わせて、食べたい料理を自由に選べるようにした。「これだけの品数を揃え、かつ無駄を出さないようにするためには、食材をうまくまわす必要があります。そこは頭を使いますし、これまでの経験が生きる部分でもあります」と中洞さん。

賑やかな繁華街ではなく、巣鴨というややローカルな土地で開業したのは、自分たち家族が住みやすく、子育てもしやすい環境だと感じたため。客層も地元の家族連れの他、40〜50代の食べなれたお客が多く、店内は終始アットホームな空気が流れる。調理は中洞さんのワンオペながら、2018年の開業時から昼夜営業を続ける同店。「巣鴨でしみじみとおいしい中華を食べたい時は、中洞さん」とすっかり地元客に浸透している様子だ。

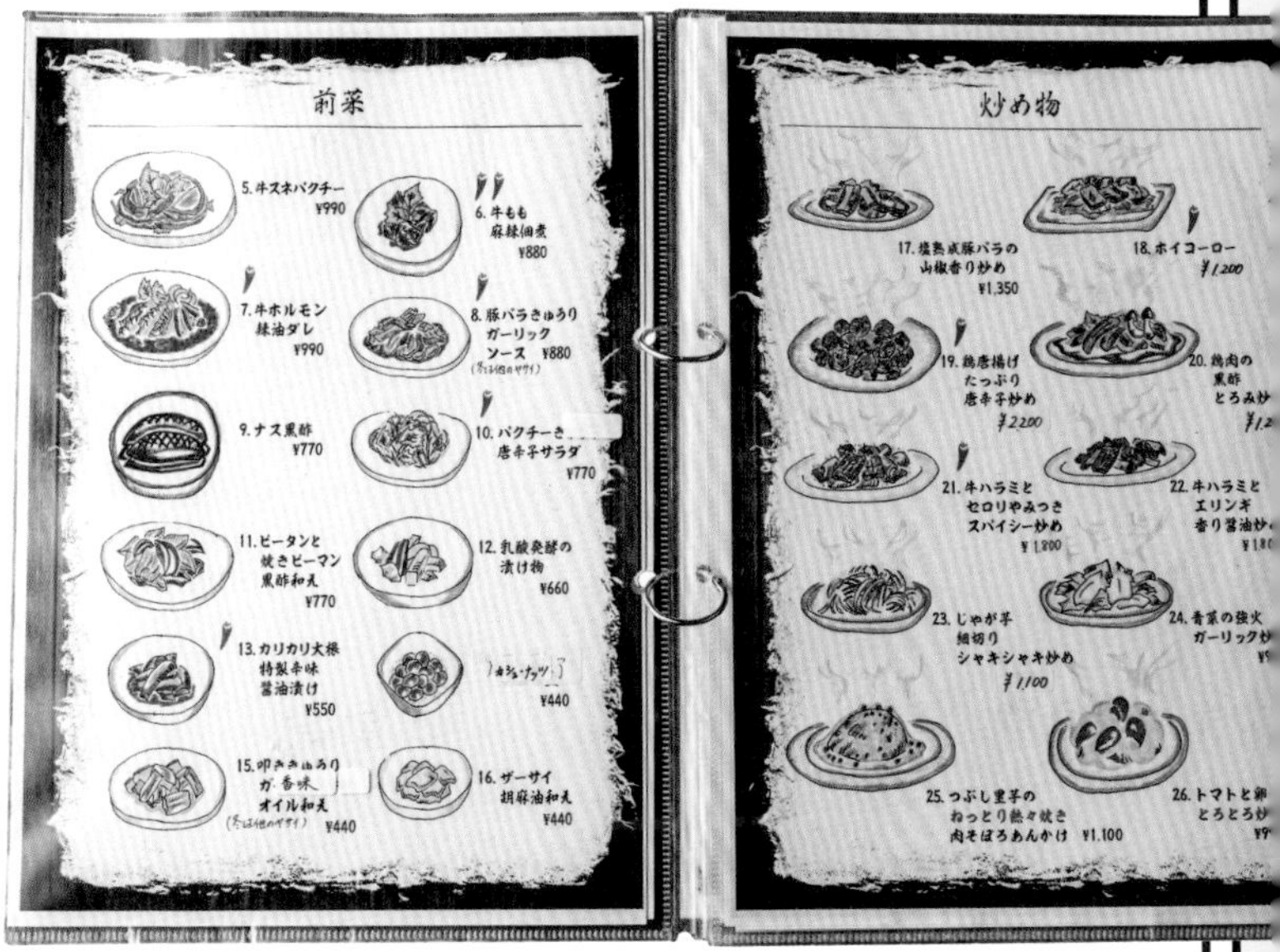

POINT 1

単品約50品。イラスト入りのメニューでわかりやすく

定番約40品に、当日の黒板メニューを合わせた約50品を用意。壁のパンダと同様、メニューのイラストも中洞氏の手によるもので、料理をイメージできるように、という狙いだ。「写真にしたかったけど、開業に間に合わなくて。『ドラゴンボール』を参考に描きました(笑)」

POINT 2

発酵調味料を自家製し、料理に旨みと風味を加える

同店の料理は、シンプルなものが大半。そこに深い旨みや風味を与えるのが、調味料としても使う自家製の発酵食品だ。野菜の端材を使った「発酵菜」の他、単品でそのまま出す「乳酸発酵の漬物」など常時10種類ほどを仕込む。

POINT 3

紹興酒に加え、オススメの中国酒を各種ラインナップ

紹興酒が苦手だった中洞さんが、初めて飲んでそのおいしさに感動したのが「黄中皇」。以来、中国の地酒を積極的に試し、気に入ったものは店で出すように。とくに年配のお客に好評だという。3種の飲み比べセットも用意。

カリカリダイコン 特製辛味醤油漬け

バスッと厚く切った
ダイコンの皮を漬物に。
ピリ辛&カリカリ食感が
酒を進ませる

［材料］
ダイコンの皮
醤油
辣油の搾りかす

ナス黒酢

キレのある黒酢の酸味が
食事のスターターにぴったり

［材料］
ナス
黒酢
おろしショウガ

ピータンと焼きピーマン黒酢和え

語呂もよい
2素材の組合せは、
その食感の対比が
リズムをもたらす

［材料］
ピーマン
ピータン
黒酢
おろしショウガ

塩熟成豚バラと キャベツ、干しエビ炒め

「豚バラ×キャベツ」の定番の組合せに、熟成の旨みと干しエビの香ばしさをプラス

［材料］
塩熟成豚
キャベツ
干しエビ
塩麹

乳酸発酵の漬け物

酸味と塩味を浅めにした
四川の漬物は、
つまみにも、箸休めにも、
ご飯のお供にも

［材料］
ニンジン
キュウリ
カブ
花椒
ローリエ

鶏唐揚
レンコン 薬味炒め

みんな大好きな
「鶏の唐揚げ」に
スパイスや薬味の
香りをまとわせて

［材料］
鶏唐揚
レンコン
セロリ
長ネギ
芽菜

［材料］
豚挽き肉
春雨
豆板醤
発酵唐辛子

肉そぼろと春雨の
唐辛子旨煮

刺激的な辛みと深い味わいが
ツルッとした春雨によくからむ

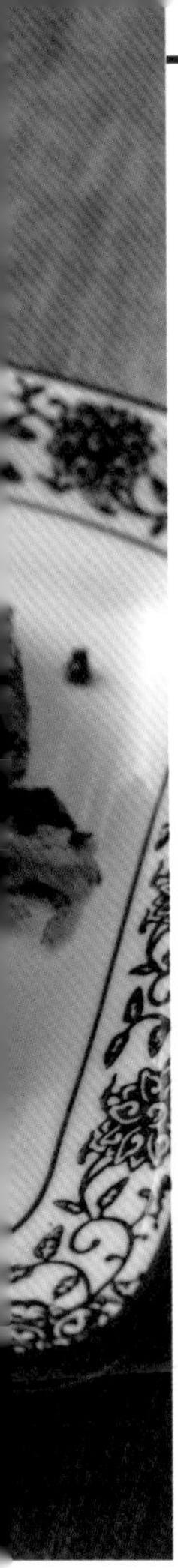

ラムショルダー パクチー 発酵菜の炒め

定番の「ラム×パクチー」に、
野菜の端材を使った発酵菜で
発酵由来の旨みと風味を加味

［材料］
羊の肩肉
クミン
発酵菜
パクチー

［材料］
ジャガイモ
香味油
塩

じゃが芋細切り シャキシャキ炒め

下ゆでしたジャガイモの細切りを
自家製の香味油でさっと炒める——。
シンプルゆえに触感と風味が引き立つ

牛ハラミ豆板醤煮
唐辛子 山椒オイルかけ

牛ハラミで「水煮牛肉」をアレンジ。
熱した麻辣味の油を
たっぷりかけて香りよく仕上げる

［材料］
牛のハラミ
ハクサイ
豆板醤
実山椒

［材料］
ジャガイモ
ナス
鶏ガラスープ
醤油麹

ナスとじゃが芋 醤油麹うまうま煮込み

ジャガイモは蒸してから揚げることでカリッ＆ホクッの食感に

豚スペアリブの煮込み

ソースも付合せもなし。手で持ってかぶりつくことで「肉を食べた感」を実感できるド直球の肉料理

［材料］
豚スペアリブ
八角
桂皮
クローブ

ホラホラチャーハン

店名をモチーフにした
さっぱり味のチャーハンは、
ピーマンの青臭さが引き締め役

［材料］
塩熟成豚
ピーマン
ササゲの漬物

［材料］
モリーユ
アガリクス
スルメイカ
鶏の腿肉
鶏ガラスープ

干しキノコ 干し貝柱
滋味深い蒸しスープ

「一つの食材を際立たせない」がコツ。
じんわりと身体にしみ込む蒸しスープ

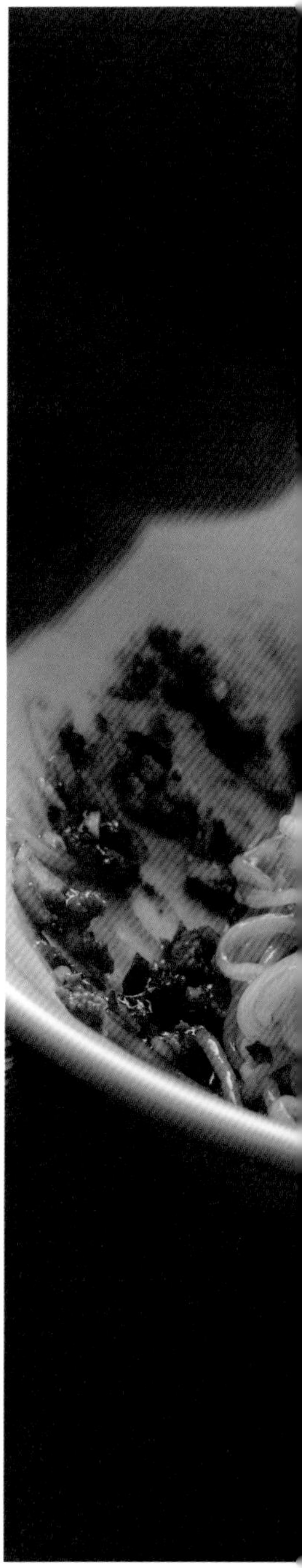

キレッキレの田舎和え麺

甘みの要素を
省くことで生まれる、
鮮烈な辛みと香りが
印象的な麺料理

［材料］
肉そぼろ
芽菜
花椒
辣油

カリカリダイコン 特製辛味醤油漬け

P.48

【材料】
ダイコンの皮……1/4本分
砂糖……大さじ2
塩……小さじ1
◎辛味醤油
　醤油……大さじ2
　中国醤油……大さじ2
　赤酢……大さじ2
　辣油の搾りかす*……大さじ1

＊**辣油の搾りかす**　辣油を自家製した際に残った唐辛子

【作り方】
1. 厚めにむいたダイコンの皮を一口大のそぎ切りにする。砂糖と塩をもみ込んでしばらくおき、出てきた水分を洗い流してえぐみを取る。
2. 材料を合わせた辛味醤油に一晩漬ける。

ピータンと焼きピーマン 黒酢和え

P.48

【材料／1人分】
ピータン……1個
ピーマン……1個
醤油……大さじ1
黒酢(山西老陳醋)……大さじ2
ショウガ(すりおろし)……小さじ1/2
ゴマ油……小さじ1

【作り方】
1. ピータンは6等分のくし切りにし、ピーマンは縦に4つに切る。
2. ピーマンを熱した鍋で焼き、香ばしさとパリッとした食感を出す。醤油と黒酢を加え、ジュッと焦がして香りを立たせる。
3. ボウルに①のピータンと②のピーマン、ショウガを入れ、ゴマ油をまわしかける。全体を混ぜて器に盛る。

ナス黒酢

P.48

【材料／1人分】
ナス……1本
◎浸けダレ(数字は割合)
　黒酢(山西老陳醋)……1
　醤油……1
　ショウガ(すりおろし)……0.2

【作り方】
1. 適宜に切って表面に切り込みを入れたナスを170℃の油で30秒間ほど素揚げする。
2. 黒酢と醤油を合わせてショウガを加え、浸けダレとする。
3. ①を②に浸け、冷蔵庫で一晩おく。

塩熟成豚バラとキャベツ、干しエビ炒め

P.49

【材料／1人分】

◎塩熟成豚

豚のバラ肉……適量

塩……肉の分量の3%

花椒(粒)……適量

キャベツ……1掴み

干しエビ……大さじ1/2

大豆油……小さじ1

酒……大さじ1

塩麹……大さじ1/2

【作り方】

1. 塩熟成豚を作る。豚のバラ肉の塊に塩、花椒をもみ込み、袋に入れて冷蔵庫で3日間ねかせる。

2. ①の豚肉を袋から取り出し、たっぷりの湯で30～40分間ゆでて火を通す。

3. 一口大にスライスした②80gを焼き、両面がキツネ色になったら取り出す。

4. 鍋で一口大に切ったキャベツを焼き、軽く焦げ目がついたら取り出す。

5. 大豆油を熱した鍋で干しエビを軽く炒めて香りを出し、③の豚肉と④のキャベツを戻し入れる。酒で溶いた塩麹を加え、鍋をあおって全体にからめる。

乳酸発酵の漬け物

P.49

【材料】

◎漬け汁

水……500ml

塩……水の量に対して約2.2%

花椒(粒)……10粒

ローリエ……1枚

唐辛子(種を除く)……1本

白酒……大さじ1

野菜(キュウリ、ブロッコリーの茎、ニンジン、カブ、ハクサイなど)……適量

【作り方】

1. 漬け汁を作る。鍋にお湯を沸かして火を止める。塩、花椒、ローリエ、唐辛子、白酒を加え、そのまま冷ます。

2. 煮沸消毒したガラス瓶に①を入れ、適宜に切った野菜を浸けて蓋をし、常温において乳酸発酵させる。

3. キュウリは一晩、ニンジンは4～5日間など発酵時間は野菜によって異なるため、それぞれ好みの味になったら瓶から取り出し、冷蔵庫に入れて発酵を止める。

4. 食べやすい大きさに切り、皿に盛る。

肉そぼろと春雨の唐辛子旨煮

P.50

【材料／2人分】

◎肉そぼろ

豚挽き肉……100g

大豆油……小さじ1

酒……小さじ1/2

醤油……小さじ1/2

ニンニク(すりおろし)……小さじ1

ショウガ(すりおろし)……小さじ1

豆板醤……小さじ1

発酵唐辛子(細かくきざむ)……小さじ2

老酒……小さじ1

鶏ガラスープ……250ml

春雨(もどしたもの)……100g

セロリ(細かくきざむ)……大さじ1/2

長ネギ(みじん切り)……小さじ1

水溶き片栗粉……適量

黒酢……小さじ1

【作り方】

1. 肉そぼろを作る。豚挽き肉を油で炒め、酒と醤油を加えて水分がなくなるまで炒める。

2. 鍋に油を熱し、ニンニクとショウガのすりおろし、豆板醤、発酵唐辛子を加えて炒める。香りが出てきたら老酒と鶏ガラスープ、春雨、セロリ、①の肉そぼろ20gを加えて1分間ほど煮る。

3. 長ネギを加えて水溶き片栗粉でとろみをつけ、仕上げに黒酢を加える。

鶏唐揚 レンコン 薬味炒め

P.50

【材料／1人分】

◎鶏唐揚

鶏の腿肉(一口大)……5個

塩……肉の重量の1%

ニンニク(すりおろし)……1つまみ

ショウガ(すりおろし)……1つまみ

酒……小さじ1

コショウ……1ふり

片栗粉……適量

レンコン(皮ごと5mmの薄切り)……8切れ

セロリ(薄切り)……大さじ1

長ネギ(薄切り)……大さじ3

芽菜(きざんだもの)……大さじ1

塩……1つまみ弱

醤油……3滴

白ゴマ……1つまみ

【作り方】

1. 鶏唐揚を作る。鶏の腿肉に塩、ニンニク、ショウガ、酒、コショウを混ぜて10分間以上おく。片栗粉を加え混ぜて、180℃の油で2分半〜3分間揚げる(この段階では完全には火が入っておらず、後の工程で完全に火を入れる)。

2. レンコンを180℃の油で1分間ほど素揚げする。

3. セロリと長ネギを油で炒め、芽菜を加える。香りが出てきたら①と②を加え、軽く塩をふって、醤油を鍋肌にかける。白ゴマをふり、鍋をあおる。

じゃが芋細切り シャキシャキ炒め

P.51

【材料／1人分】

ジャガイモ(メークイン)……大1個

香味油*……大さじ1

塩……3つまみ

＊香味油　長ネギの青い部分やショウガの皮、ピーマンのヘタやパクチーの根といった野菜の端材を油でグツグツ煮て、風味を移したもの

【作り方】

1. ジャガイモの皮をむいてせん切りにし、水にさらして余分なデンプンを抜く。

2. 鍋にたっぷりのお湯を沸かし、①のジャガイモを10秒弱さっと湯通しする。ザルに上げ、お湯をきる。

3. よく熱した鍋に香味油を引き、②を入れて強火で炒める。塩で調味する。

ラムショルダー パクチー 発酵菜の炒め

P.51

【材料／1人分】

羊の肩肉(薄切り)……120g

大豆油……小さじ1

コショウ……3ふり

老酒……大さじ1/2

醤油……小さじ1

タマネギ……1/6個

発酵菜*……大さじ3

クミン……小さじ1

黒コショウ……1ふり

パクチー……15g

＊発酵菜　ダイコンやカブの葉などの端材をきざみ、塩をもみ込んでしばらくおき、水分を絞ってえぐみと辛みを除く。塩をもみ込み、すりおろしたニンニクとショウガ、豆板醤を混ぜて煮沸消毒した瓶に詰め、常温で1週間程度おいたもの

【作り方】

1. 油を熱した鍋に羊の肩肉を入れ、コショウ、老酒、醤油を加えて炒める。

2. 適宜に切ったタマネギ、発酵菜を加えてさらに炒め、クミンと黒コショウをふる。香りが立ってきたらパクチーを加え混ぜる。

牛ハラミ豆板醤煮
唐辛子 山椒オイルかけ

P.52

【材料／2人分】

牛のハラミ（薄切り）……150g

A
- 塩……適量
- コショウ……適量
- 酒……適量
- 片栗粉……適量

B
- ハクサイ（一口大の薄切り）……6枚
- ダイコン（一口大の薄切り）……6枚
- セロリ（一口大の薄切り）……6枚

ニンニク（すりおろし）……小さじ1/3
豆板醤……大さじ2/3
老酒……大さじ1/2
鶏ガラスープ……150ml
コショウ……1ふり
砂糖……1つまみ弱
水溶き片栗粉……適量
唐辛子粉*……小さじ1
唐辛子……10本
花椒……10粒
パクチー……適量

＊唐辛子粉　20分間ほど乾煎りして赤黒くなった唐辛子をミキサーで粉末にしたもの

【作り方】

1. 牛のハラミにAの塩とコショウ、酒をふり、片栗粉をまぶし付ける。
2. 油を熱した鍋でBの野菜を強火でさっと炒め、余分な水分をとばして器に盛る。
3. 油を熱した鍋で①の牛肉を煎り焼きにし、取り出す。
4. ③の鍋でニンニクと豆板醤を炒め、色と香りが出たら老酒と鶏ガラスープを注いで③の牛肉を戻し、コショウと砂糖を加えて軽く煮る。水溶き片栗粉でとろみをつけて②の器に盛り、上から唐辛子粉をふる。
5. 鍋に油大さじ3（分量外）を熱して唐辛子と花椒を入れる。
6. 熱々の⑤を④にかけ、パクチーをのせる。

豚スペアリブの
煮込み

P.53

【材料／3人分】

豚の骨付き肩肉……3本
◎滷水*
- 水……適量
- 塩……適量
- カラメル……適量
- 八角……適量
- 桂皮……適量
- フェンネルシード……適量
- 花椒……適量
- 草果……適量
- カルダモン……適量
- 排草香……適量
- クローブ……適量
- 砂仁……適量
- ヒハツ……適量
- ローリエ……適量
- 香味野菜（ピーマンのヘタ、パクチーの根、セロリの葉、ショウガの皮など）……適量

＊滷水　肉の香りを損なわないよう、香辛料は控えめとする

【作り方】

1. 豚の骨付き肩肉を大ぶりに切り、10分間ゆでてアクと余分な脂を取り除く。鍋から肉を取り出して水でさっと洗う。
2. 鍋に滷水の材料を入れて火にかけ、①を加える。沸騰したら、少し沸きたつくらいの火加減で30分間煮る。火を止め、冷めるまで静置して味をしみ込ませる。
3. オーダーが入ったら、肉を煮汁ごと別鍋に移して火にかける。温まったら取り出し、皿に盛る。

ナスとじゃが芋 醤油麹うまうま煮込み

P.53

【 材料／1人分 】

ジャガイモ（男爵イモ）……大1/2個
ナス（乱切り）……大1本
鶏ガラスープ……300ml
醤油麹……大さじ1.5～2
水溶き片栗粉……適量

【 作り方 】

1. ジャガイモは皮ごと30分間蒸し、皮をむいて乱切りにする。
2. ①とナスを油通しし、表面をカリッとさせる。
3. 鍋に鶏ガラスープと醤油麹を沸かし、②のナスを煮る。柔らかくなって味が入ったら②のジャガイモを入れる。水溶き片栗粉でとろみをつける。

ホラホラチャーハン

P.54

【 材料／1人分 】

全卵……3/4個
ご飯……200g
塩……2つまみ
塩熟成豚（みじん切り。「塩熟成豚バラとキャベツ、干しエビ炒め」参照）……大さじ1/2
ピーマン（みじん切り）……大さじ1/2
ササゲの漬物（みじん切り）……大さじ1/2
長ネギ（みじん切り）……大さじ1/2
日本酒……小さじ1/2
醤油……3滴

【 作り方 】

1. 油を熱した鍋に溶いた全卵を入れ、すぐにご飯を入れて炒める。
2. 塩、塩熟成豚、ピーマン、ササゲの漬物、長ネギを加えてさらに炒める。
3. 香りが立ってきたら日本酒と醤油を鍋肌にたらし、鍋をあおる。

干しキノコ 干し貝柱 滋味深い蒸しスープ

P.54

【 材料／2人分 】

A
- モリーユ（乾燥）……1本
- アガリクス（乾燥）……1本
- 干しエビ……3個
- エノキタケ（乾燥）……少量
- 干し貝柱……少量
- スルメイカ（乾燥）……少量

鶏の腿肉（一口大）……2個
長ネギ（小さな輪切り）……2片
塩……小さじ1
鶏ガラスープ……300ml

【 作り方 】

1. Aの材料を適宜水でもどしておく。
2. 鶏の腿肉は、さっとゆでてアクを抜いておく。
3. ①と②、長ネギ、塩、鶏ガラスープを器に入れ、ラップをかぶせて30分間蒸す。

キレッキレの
田舎和え麺

P.55

【材料／1人分】

A
- ニンニク（すりおろし）
  ……小さじ1/5
- ショウガ（すりおろし）
  ……小さじ1/5
- 芽菜……大さじ1/2
- 醤油……10ml
- 花椒（粉）……3ふり
- 一味唐辛子（粉）……小さじ1/2
- 辣油……大さじ1
- 辣油の搾りかす……小さじ1/2
- 芝麻醤……小さじ1/3

無かん水麺……140g
肉そぼろ（「肉そぼろと春雨の
唐辛子旨煮」参照）……20g

【作り方】

1. Aの材料を器に入れる。

2. ゆでた無かん水麺のお湯をきって①に盛り、上に肉そぼろをのせる。

熾火の力に魅せられて、
炭火をあやつり肉を焼く。
ワインを愛するお客のための、
ワインに寄り添う炭火焼き中華

4 京都・太秦

Okibi china

燠火

京都府京都市右京区太秦多藪町
14-107
電 075-864-2211

【店舗規模】11坪
【客席数】カウンター 6席、
テーブル6席
【開業】2020年8月
【客単価】昼：5000円、
夜：1万3000円
＊夜営業は、ワインを飲むお客のみ
予約を受け付ける

熾火に脂が落ちて煙が立ち、香りとなって肉に戻る。炭火焼きの最大の魅力です

最寄りの嵐電帷子ノ辻駅から徒歩5分ほどの住宅地に立地。カウンター6席と、ワインの木箱をモチーフにした天板が印象的なテーブル席1卓を配し、昼夜ともに辻さんが1人で調理・サービスを行う。皮から自家製する点心(写真右下)は、炭火焼きと並ぶ二本柱のひとつ。

Okibi china 燠火　店主

辻 龍平

1978年京都府生まれ。「過門香上野店」副料理長を経て、「石庫門丸の内店」などで料理長を務める。「中国菜 火ノ鳥」で経験を積み、2020年8月に独立。JSA認定ソムリエ。

「Okibi china 燠火《おきび》」店主の辻 龍平さんには、1軒の忘れられない店がある。「昔、京都に大好きで通っていた炭火焼きイタリアンがあったんです。赤い熾火の感じっていいものだな、炭火で焼くとどんな素材もご馳走になるんだなと感動しました。中華と炭火焼きの組合せを思いついたのも、その店があったから。『燠火』の店名は、今はもうないその店から譲っていただいた名前です」

2020年に開いた自店の一番の売りは、もちろん炭火焼きで仕立てる広東風の焼き物。そこに、ソムリエ資格を持つ辻さんが選んだ「炭火焼き中華に合うワイン」を合わせて提案する。夜は酒を飲むお客の予約のみを受ける、ワインバーに近い業態だ。営業中は焼き物とサービスに専念できるように前菜盛合せとスープをおまかせで提供し、その後、アラカルトで注文してもらうスタイルをとっている。

店のある太秦は京都駅から車で20分ほどとアクセスがよい場所ではないが、40～60歳代を中心とした食べ慣れたお客が京都、大阪、東京からも訪れるように。「熟成した1990年代のローヌやバルベーラなど、希少なワインが結構出るんです。ワイン好きのお客さまに楽しいなと思ってもらえるような、心躍る店にしたいですね」(辻さん)。

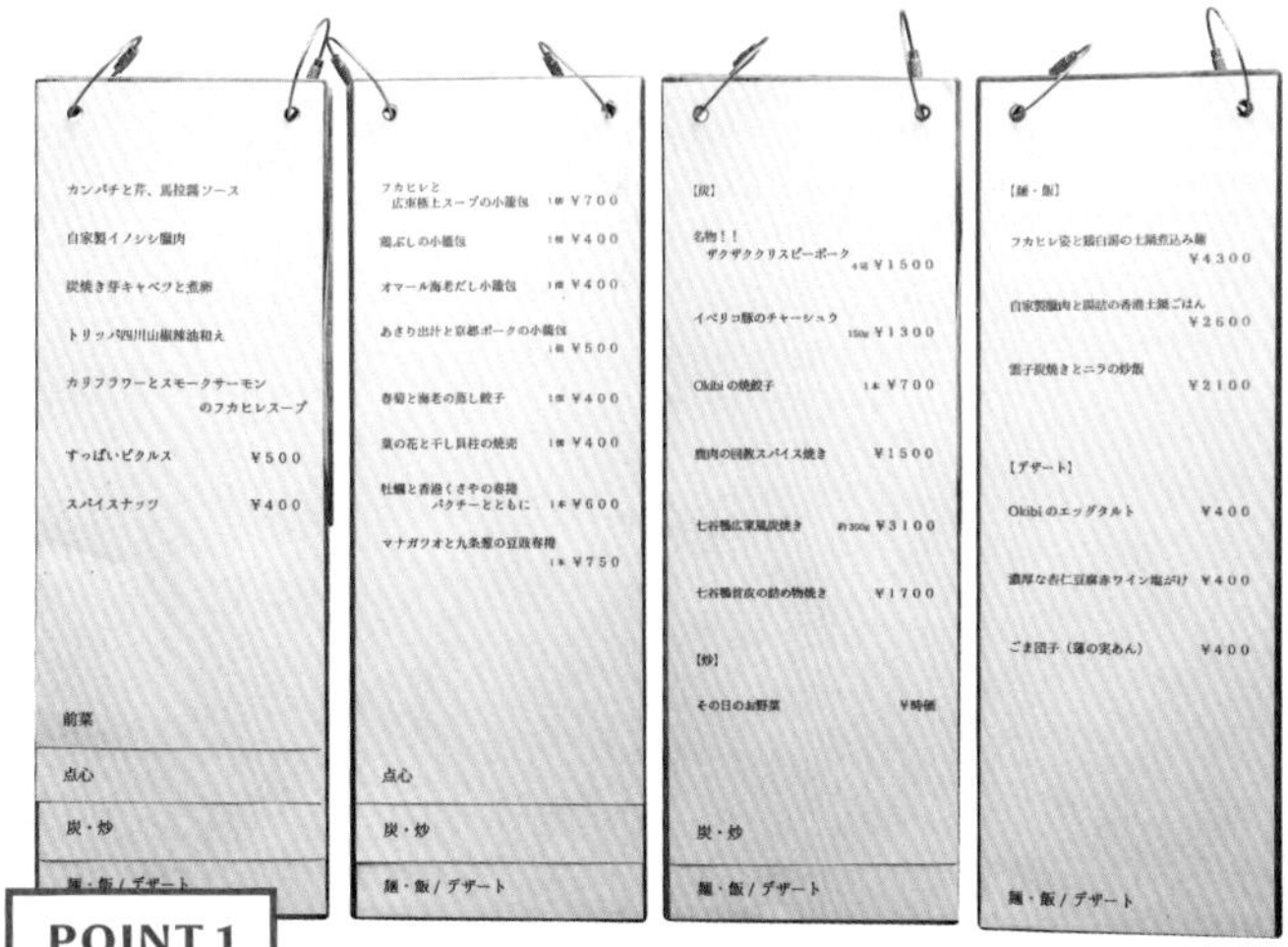

POINT 1

前菜盛合せからスタートし
点心、焼き物、麺飯へと自然に誘導する

「前菜4種盛合せ＋スープ」（P.66、67）の後は、点心8種ほど、炭火焼き7種ほど、麺飯とデザート各3種から自由に選んでもらう。1時間以上かけて焼く「名物!! ザクザククリスピーポーク」（P.70）などは最初にまとめて注文を受けるが、あえて大きめの塊で焼き、焼き上がりをお客に見せて追加オーダーを尋ねるなどカウンターならではのサービスも。

POINT 2

産地や造り方を限定せず、
炭火焼きに合うワインを選ぶ

ワインは、ソムリエ資格を持つ辻さん自身が「これは」と思うものを選ぶ。グラスワインは赤白各3種にシャンパーニュとロゼ各1種（1100～1300円ほど）、ボトルは8000円ほどが中心価格帯。取材時は、辻氏の「過門香」時代の友人で、現在イタリア・トスカーナで醸造家として活躍する及川 徹氏（IL VIGNAIOLO TORU OIKAWA）の初ヴィンテージもラインナップしていた。

POINT 3

ワンオペ前提の炭床と、炭を熱源とする焼き窯を設置

炭床はワンオペに適したコンパクトな設計ながら、網と炭の間の高さを調整しやすくし、火から外してやすませるスペースも余裕を持ってとった、作業性のよい構造（写真左、中）。ここで「七谷鴨」や「京都ぽーく」といった京都ならではのブランド肉を焼く。また、「将来的に仔豚の丸焼きに挑戦したい」と、専用の炭窯も設置している（右）。

炭焼き芽キャベツと半熟煮玉子

東坡肉の煮汁に浸けた煮玉子と
炭火焼きの芽キャベツを
燻製オイルのマヨネーズで

［材料］
ゆで卵
東坡肉の煮汁
芽キャベツ
燻製
マヨネーズ

［材料］
ヨコワマグロ
自家製馬拉醤
セリ
朝天辣椒

自家製イノシシ臘肉

自家製干し肉を
前菜の他、土鍋ご飯や
青菜炒めに活用

［材料］
イノシシの
バラ肉
白酒
塩

［材料］
牛のハチノス
四川青山椒オイル
九条ネギ

食事はおまかせの前菜と
季節のスープでスタート。
そこから先は単品注文に

前菜4種盛り

干しエビ、蝦醤、豆板醤を合わせた
自家製馬拉醤は、辛みを抑えて
ワイン向きの味に

ヨコワマグロの炭たたき、
馬粒醤ソース

黒毛和牛のハチノスを
紹興酒や醤油に漬け込み、
青山椒オイルで仕上げる

トリッパ
四川山椒辣油和え

前菜5品目は季節のスープ。
プーアル茶で燻した
スモークサーモンとともに

カリフラワーと スモークサーモンの フカヒレスープ

［材料］
カリフラワー
フカヒレ
馬告
スモークサーモン

オマール海老だし小籠包

オマールだしを鶏だしで割り、
きれいな風味のみを閉じ込める

［材料］
小籠包の皮
オマールの頭
鶏挽き肉
豚のバラ肉
日本酒

菜の花と干し貝柱の焼売

「歯が跳ね返される」ような
食感に粗切りした
黒豚の肩ロースで
広東らしさを表現する

［材料］
焼売の皮
黒豚の肩ロース肉
オイスターソース
干し貝柱
ナノハナ

春はシュンギク、夏は黒豆、秋は銀杏を
合わせる季節の蒸し餃子

春菊と海老の蒸し餃子

［材料］
浮き粉の生地
エビ
タケノコ
豚の背脂
シュンギク

牡蠣と香港くさやの春巻き パクチーとともに

牡蠣の旨みに咸魚の塩気。
素材合わせの妙を楽しむ春巻きは
ワインとの相性も抜群

［材料］
春巻きの皮
牡蠣
咸魚
ニンニク

［材料］
豚の粗挽き肉
ニンニク
キャベツ
タマネギ
網脂

Okibiの焼き餃子

餃子の餡を串に付け、
網脂で包んで炭火焼きに。
香港の手羽料理に発想を得た
「皮で包まない」焼き餃子

［材料］
皮付き豚バラ肉
玫瑰露酒
五香粉
沙姜粉
粒マスタード

名物!! ザクザククリスピーポーク

皮付き豚バラ肉を炭火のみで焼き上げる。
皮のザクザク感としっとりした肉を
存分に楽しめる、店一番の人気メニュー

鴨の腿肉を広東風に焼ききらず、
ロゼ色に仕上げる理由は
「ワインに合わせやすい」から。
自家製梅ソースをお好みで

七谷鴨広東風炭焼き

［材料］
鴨の腿肉
玫瑰露酒
五香粉
麦芽糖
プラムソース

七谷鴨首皮の詰め物焼き

「鴨のモツをすべて使いきる」がテーマの自家製ソーセージ。ハツ、砂肝、レバーを首づるに詰め、炭火でじわじわ火を入れる

［材料］
鴨の首づる
心臓
砂肝
レバー
黒ニンニク醤
豆豉

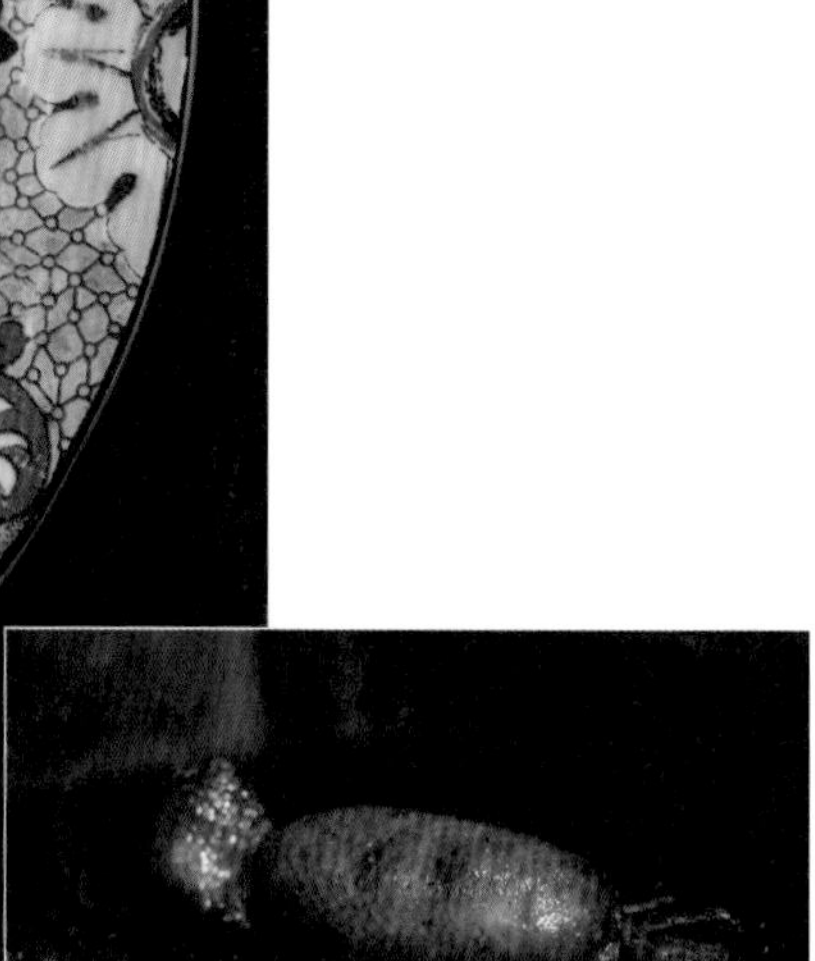

雲子炭焼きとニラの炒飯

炒飯でも炭火が活躍。
タラの白子の炭火焼きを
ネギチャーハンにのせれば
一瞬でごちそうに様変わり

［材料］
タラの白子
卵
ニラ
米

こだわりが高じて
パイ生地から自家製。
試行錯誤を経てたどり着いた
本格マカオ式エッグタルト

Okibiのエッグタルト

［材料］
折り込みパイ生地
カスタード餡

前菜4種盛り

ヨコワマグロの炭たたき、馬粒醤ソース

P.66

【材料／2人分】

ヨコワマグロ……40g
塩……**適量**
馬拉醤*……**適量**
セリ……**適量**
朝天辣椒粉……**適量**

＊馬拉醤（マーライジャン）　干しエビ、エシャロット、ニンニク、豆板醤、蝦醤などを合わせた自家製調味料。一般的な馬拉醤よりも辛みを抑え、ワインを邪魔しない味にしている

【作り方】

1. ヨコワマグロをさくにとり、硬い部分は切り除く。脱水シートに包んで冷蔵庫に一晩おく。
2. 脱水シートを外して厚さ7mmほどに切る。皮目に塩をふり、強火の炭火で炙って焼き目をつける。
3. ②を馬拉醤で和え、適宜に切ったセリを添える。朝天辣椒粉をふる。

トリッパ 四川山椒辣油和え

P.66

【材料／20人分】

ハチノス（黒毛和牛のもの）
……500g
◎カラメル
　ザラメ……40g
　紹興酒……20g
　醤油……20g
基本のスープ*……**適量**
紹興酒……40g
三温糖……30g
醤油……20g
黒酢……4g
A ┌ **桂皮**……**適量**
　 │ **ショウガ（薄切り）**……**適量**
　 └ **八角**……**適量**
四川青山椒オイル……**適量**
九条ネギ（斜め薄切り）……**適量**

＊基本のスープ　京赤地どりの鶏ガラ、粒コショウなどを煮出したスープ。各種の料理のベースに用いる

【作り方】

1. ハチノスを水から2～3回ゆでこぼす。流水で洗い、表面の汚れを取る。10cm×20cmほどにカットしておく。
2. カラメルを作る。中華鍋でザラメを焼き、紹興酒と醤油を加えて煮溶かす。
3. ②に基本のスープと紹興酒を加え、三温糖、醤油、黒酢で調味する。①のハチノスを入れて、10～15分間煮る。
4. ③のハチノスと煮汁をバットに移し、Aを加える。ラップをし、蒸し器で2～3時間蒸す。冷蔵庫に1日おいて漬け込む。
5. 提供時にハチノスを細切りにし、蒸し器で温める。四川青山椒オイルをかけ、九条ネギをのせる。

自家製イノシシ臘肉

P.66

【材料】

イノシシのバラ肉……1kg
塩……**肉の重量の1.2～1.5%**
白酒……**適量**

【作り方】

1. イノシシのバラ肉を幅3cmに切る。
2. 塩と白酒をまぶし、ザルにのせて常温で一昼夜おく。出てきた汁をふき取る。
3. カギに刺して吊るし、常温で3～4週間干す（最初の数日は風の当たる場所に吊るすと腐敗のリスクを減らせる）。
4. 干し上がったら提供人数分の大きさに切り、蒸し器で15分ほど蒸す。厚さ2mmほどにスライスする。

炭焼き芽キャベツと半熟煮玉子

P.66

【材料】

◎半熟煮玉子

卵……**1個**

東坡肉の煮汁*……**適量**

◎炭焼き芽キャベツ

芽キャベツ……**1個**

オリーブオイル……**適量**

塩……**適量**

◎燻製マヨネーズ

サラダ油……**500g**

桜のチップ……**適量**

A
- **卵黄**……**4個分**
- **白ワインヴィネガー**……**150g**
- **マスタード**……**4g**
- **塩**……**3g**

スプラウト……**適量**

***東坡肉の煮汁**　ランチで提供している東坡肉の煮汁を使用。基本のスープ、紹興酒、三温糖、醤油などで作る

【作り方】

1. 半熟煮玉子を作る。卵を半熟にゆでる。皮をむき、東坡肉の煮汁に一晩浸ける。

2. 炭焼き芽キャベツを作る。芽キャベツにオリーブオイルと塩をふって炭火で焼く。

3. 燻製マヨネーズを作る。サラダ油をボウルに入れて、桜のチップで燻製にかける。

4. 別のボウルにAを入れてもったりするまで混ぜる。

5. ④に③のサラダ油を加えながら混ぜて乳化させる。

6. 2等分した半熟煮玉子と炭焼き芽キャベツをピックに刺す。皿に盛り、燻製マヨネーズをかけ、スプラウトをあしらう。

カリフラワーとスモークサーモンのフカヒレスープ

P.67

【材料／10人分】

◎カリフラワーとフカヒレのスープ

カリフラワー（薄切り）……**2株**

タマネギ(薄切り)……**1/2個**

無塩バター……**適量**

基本のスープ……**300g**

塩……**3g**

水溶き片栗粉……**適量**

フカヒレ*……**20g**

馬告……**適量**

◎スモークサーモン

サーモン……**500g**

岩塩……**20g**

砂糖……**15g**

プーアル茶葉……**適量**

生米……**適量**

ディルオイル……**適量**

***フカヒレ**　ほぐしたもの（散翅）をもどした後、淡口醤油と塩で薄めに味つけした基本のスープに浸して下味をつけておく

【作り方】

1. カリフラワーとフカヒレのスープを作る。カリフラワーとタマネギをバターでくたくたになるまで炒める。

2. ①と基本のスープをボウルに入れ、ラップをして30分間蒸す。ミキサーにかける。

3. ②を鍋に移して火にかける。必要なら基本のスープを足して濃度を調整し、塩で調味する。水溶き片栗粉でとろみをつける。

4. ④にフカヒレを加えて温め、器に盛る。挽いた馬告をふる。

5. 一口大に切ったスモークサーモン（後述）をスプーンにのせて添える。

スモークサーモン

1. サーモンに岩塩と砂糖をまぶし、一晩脱水する。10分間ほど流水にさらし、水気をふき取る。

2. プーアル茶葉と生米を中華鍋で煎る。香りが立ってきたらボウルに入れた①を置いて蓋をし、弱火で15分間ほど燻製にかける。

3. サーモンを取り出し、ディルオイルをまぶして冷蔵庫に一晩おく。

オマール海老だし 小籠包

P.68

【材料／55個分】

◎小籠包の餡

豚挽き肉（京都ぽーく。バラ肉）……500g

塩……5g

A
- **醤油……45g**
- **砂糖……15g**
- **紹興酒……20g**

オマール海老のスープ……650g

小籠包の生地＊……500g

◎オマール海老のスープ

オマール海老の頭……2kg

ニンジン（ざく切り）……適量

タマネギ（ざく切り）……適量

セロリ（ざく切り）……適量

日本酒……適量

水……適量

鶏挽き肉……300g

基本のスープ……適量

＊小籠包の生地　薄力粉150g、強力粉150g、ラード3g、塩2g、水140gで作る自家製の生地。強力粉の割合を通常よりもやや少なくし、口当たりよく仕上げている

【作り方】

1. 小籠包の餡を作る。豚挽き肉に塩を加えて練る。粘り気が出たらAを加える。

2. 冷蔵庫で冷やし固めたオマール海老のスープ（後述）を細かく切る。

3. ①と②を同量ずつ合わせ、軽く混ぜる。バットに薄く広げてラップをかけ、半日冷蔵庫で冷やし固める。

4. 小籠包1個あたり7gの生地をとり、厚さ2mmほどにのばす。③の餡を包み、ダイコンの薄切り（分量外）を敷いた蒸籠で7～8分間蒸す。

オマール海老のスープ

1. オマール海老の頭を半割にする。砂袋を取り除き、頭をぶつ切りにする。

2. サラダ油を引いた鍋で①と香味野菜を炒める。

3. ②に日本酒とひたひたの水を加えて沸かし、2時間煮る（アクは引かないでよい）。

4. ③を漉して鍋に戻し、火にかける。一度沸いたら弱火にし、鶏挽き肉を入れる。静かに炊いて鶏の旨みをスープに移しつつ、澄ませる。漉す。

5. ④と基本のスープを2対1で合わせる。冷蔵庫で保管する。

春菊と海老の 蒸し餃子

P.68

【材料／50個分】

エビ（天然シータイガー）……500g

塩……適量

片栗粉……20g

砂糖……適量

タケノコ（水煮。1mmの細切り）……100g

豚の背脂（3mmの角切り）……75g

シュンギク　1束

浮き粉の生地＊……400g

＊浮き粉の生地　浮き粉150g、片栗粉150g、熱湯100gで作る自家製の生地

【作り方】

1. エビを掃除する。包丁の腹の部分を使って粗くすりつぶし、包丁の背で叩く。

2. ①、塩、片栗粉をボウルに入れて練る。粘り気が出たら砂糖を足す。

3. ②にタケノコと豚の背脂を加え混ぜる。

4. シュンギクをゆがき、冷水に浸けて色止めする。水気を絞り、細かく切る。

5. ③と④を4対1の割合で合わせて餡とする。

6. 蒸し餃子1個あたり8gの浮き粉の生地をとり、厚さ1mmにのばす。餡を包み、ダイコンの薄切り（分量外）を敷いた蒸籠で7～8分間蒸す。

菜の花と 干し貝柱の焼売

P.68

【材料／70個分】

豚の肩ロース肉（鹿児島県産黒豚）……1.5kg

塩……4g

片栗粉……25g

A
- **塩……4g**
- **三温糖……30g**
- **オイスターソース……45g**
- **ゴマ油……10g**

干し貝柱……150g

ナノハナ……1束

焼売の皮……70枚

【作り方】

1. 豚の肩ロース肉を2～3mm角に切る（みっちりした歯ごたえに仕上げるため、挽き肉にせず、小角切りにする。挽き肉を使うとフワッとした食感に仕上がる）。

2. ①に塩と片栗粉を加え混ぜる。

3. 全体がなじんだらAを加え混ぜる。

4. 干し貝柱を蒸籠で蒸す。きざむ。

5. ナノハナは塩水でゆがき、水気をきる。きざむ。

6. ③に④と⑤を混ぜ、焼売の皮で包む。ダイコンの薄切り（分量外）を敷いた蒸籠で10～11分間蒸す。

牡蠣と香港くさやの春巻き パクチーとともに

P.69

【材料／7人分】

牡蠣[*1]……300g
薄力粉……適量
オリーブオイル……適量
ニンニク……50g
咸魚[*2]……30g
春巻の皮[*3]……7枚
パクチー……適量

＊1 牡蠣　水を入れずにパッキングした無水牡蠣を使用
＊2 咸魚（ハムユイ）　イシモチなどの魚を塩漬けにして半発酵させた後、天日干しした発酵食品。ここでは、ピーナッツオイルに漬けて保存しておいた咸魚をザルにのせて一晩油を落とし、炭火で香ばしく焼いてから蒸したものを使用
＊3 春巻きの皮　厚さが薄めのものを選ぶ

【作り方】

1. 牡蠣の水気をふき取り、薄力粉を薄くまぶしてオリーブオイルで両面を焼く（7割程度火を通す）。包丁で粗く叩く。
2. ニンニクをゆでこぼし、粗みじん切りにする。細かくほぐした咸魚と合わせる。
3. ①と②を合わせ、春巻きの皮で包む。油でパリッと揚げる。
4. パクチーをのせて提供する。

Okibiの焼き餃子

P.69

【作り方】

豚のバラ肉（京都ぽーく。粗挽き）……500g
塩……3g
片栗粉……6g
ニンニク（粗みじん切り）……50g
キャベツ（みじん切り）……125g
タマネギ（みじん切り）……125g
A
塩……3g
ハチミツ……30g
醤油……7g
ゴマ油……適量
豚の網脂……適量
薄力粉……適量

【作り方】

1. 豚のバラ肉、塩、片栗粉をボウルに合わせ、粘り気が出るまで練る。ニンニクを加え混ぜる。
2. キャベツとタマネギはそれぞれゆがき、水気を絞る。①に加え混ぜる。
3. Aを加えて調味し、餃子の餡とする。
4. ③の餡を竹串に紡錘状に巻きつけて豚の網脂で巻く。薄力粉をまぶし、炭火で焼く（網脂に引火して焦げやすいので、初めはこまめに返して焦げ付かないようにする）。

名物！！ ザクザク クリスピーポーク

P.70

【材料／2人分】

豚のバラ肉（皮付き）……200g
玫瑰露酒……適量
◎合わせ調味料（数字は割合）
塩……1
砂糖……0.25
五香粉……0.3
沙姜粉……0.3
塩……1つまみ
重曹……1つまみ
米酢……適量
粒マスタード……適量

【作り方】

1. 豚のバラ肉の皮に熱湯をかけて縮ませる。すぐに流水にさらして温度を下げる。水をふき取る。肉の面に玫瑰露酒をかける。
2. 合わせ調味料を①の全面にまぶす。皮を上にして、塩と重曹をふる（皮の水分を脱水するため）。
3. 15分間ほどおいて肉が乾いてきたら、皮に米酢をぬる。
4. 冷蔵庫に一晩おいて乾燥させる（ラップはかけない）。
5. ④の肉を常温にもどす。金串を刺し、真っ赤に熾した炭火で皮を下にして4～5分間焼く。
6. 皮が透明になってきたら針を刺し（肉まで貫通しないように浅めに刺す）、皮を下にして熾火で40～45分間焼く。
7. 裏返して、肉を下にして遠火の熾火で40分間ほど焼く。
8. 食べやすい大きさに切り、粒マスタードを添える。

七谷鴨広東風炭焼き

P.71

【材料／2人分】

鴨の腿肉（七谷鴨）……1本
玫瑰露酒……適量
◎合わせ調味料（数字は割合）
塩……2
砂糖……1
五香粉……0.3
沙姜粉……0.3
麦芽糖……30g
米酢……100g
水……200g
塩……3g
プラムソース*……適量

＊プラムソース　梅干（減塩）、水、パイナップル、三温糖、朝天辣椒粉、レモン果汁をジューサーにかけて、かるく煮詰めたもの

【作り方】

1. 鴨の腿肉に玫瑰露酒をぬり、合わせ調味料をまぶす。冷蔵庫で1晩ねかせる。
2. ①の腿肉の皮目に熱湯をかけて皮を張らせる。温かい場所に吊るし（ドリップが出るので中華鍋などの上に吊るすとよい）、全体が乾いてくるまで10～15分間おく。
3. 麦芽糖、米酢、水、塩を、②の全面に刷毛でぬる。
4. ③の腿肉を熾した炭床の上に吊るして15～20分間乾かす。
5. ④の腿肉に金串を打ち、炭火で皮目から焼きはじめる。皮目に色がついたら裏返して肉を焼く。火が入りやすいので、2～3分間焼いては炭床から外してやすませる工程をくり返す。火入れ時間の目安は皮面が5～10分間、肉面が15～20分間ほど。
6. 焼き上がったら切り分けて、プラムソースを添える。

七谷鴨首皮の詰め物焼き

P.72

【材料／2人分】

鴨（七谷鴨）の心臓、砂肝、レバー……1羽分
紹興酒……適量
塩……適量
鴨（七谷鴨）の粗挽き肉……50g
黒コショウ……適量
鴨（七谷鴨）の首づる……1羽分
白酒……適量
黒ニンニクと豆鼓ペースト*……適量

＊黒ニンニクと豆鼓ペースト　黒ニンニクの黒い部分、サラダ油、醤油、ハチミツ、黒酢、豆鼓をミキサーにかけてペーストにし、軽く熱して水分をとばしたもの

【作り方】

1. 鴨（七谷鴨）の心臓、砂肝、レバーを紹興酒と塩で1時間ほどマリネする。
2. ①の内臓類を炭火で焼く。表面は強火で焼き、中はピンク色になる程度の火入れとする。
3. 心臓は4～5mm、砂肝は2～3mm角、レバーは1cm角に切る。
4. ③と鴨の粗挽き肉を合わせ、塩とコショウを加えて手早く練る。絞り袋に入れる。
5. 鴨の首づるに塩と白酒をまぶして1時間ほどマリネする。首づるの太い先端をタコ糸で縛る。
6. ④を⑤に100gほど絞り入れる。絞り入れた口に串を打って閉じ、吊り下げて、熱湯をかける。そのまましばらくおいて水分を落とす（この状態で真空パックにして保管可能）。
7. 炭火を熾し、⑥を焼く。最初はできるかぎり強火で周囲に焼き色をつける。こまめに返しながら、遠火の熾火でじんわり火をあてて焼き上げる。
8. 切り分けて、黒ニンニクと豆鼓ペーストを添える。

雲子炭焼きとニラの炒飯

P.73

【材料／2人分】

タラの白子……1尾分
塩……適量
◎ニラ炒飯
卵……1個
ご飯*……160g
塩……適量
長ネギ（粗みじん切り）……15g
醤油……適量
ニラ（粗みじん切り）……40g

＊ご飯　炊飯時に昆布と少量の塩、醤油を入れて炊いたもの

【作り方】

1. タラの白子は掃除して、1人前150gほどの塊に分ける。金串を6本打ち、塩をふる。
2. ①を強火の七輪で焼く。表面に焦げ目がつき、中はベシャメルソースのように柔らかな半生な仕上がりにする。
3. ニラ炒飯を作る。サラダ油（分量外）を熱した鍋に卵を割り入れ、つぶす。ご飯、塩、ネギを加えて炒め

る。鍋肌に醤油をたらし、ニラを加えてすぐに火を止める。

4. ③の炒飯を器に盛り、串に刺したままの白子をのせてお客に披露する。いったん下げ、茶碗に盛り変えて提供する。

Okibiの
エッグタルト

P.73

【材料／14個分】

◎折り込みパイ生地

薄力粉(ふるう)……75g

強力粉(ふるう)……75g

塩……2g

氷水……75g

酢……3g

バター(ポマード状にする)……適量

◎カスタード餡

牛乳……355g

砂糖……65g

卵黄……4個分

薄力粉……4g

【作り方】

1. 折り込みパイ生地を作る。ボウルに薄力粉と強力粉を入れる。

2. 塩、氷水、酢を合わせ、①に加えながら混ぜる。ひとまとまりになったらラップで包んで冷蔵庫で40分間冷やす。

3. ②を台に置き、麺棒で25cm×30cmの大きさにのばす。ポマード状にしたバターを2/3の広さに塗って、3つ折りにする。5～10分間冷蔵庫に入れて締める。

4. ③を取り出して25cm×30cmの大きさにのばし、2/3の広さまでバターを塗り、3つ折りにする。5～10分間冷蔵庫で締める。

5. ④の生地を25cm×30cmの大きさにのばし、全面にバターを塗る。ロール状に丸めて30分間冷蔵庫で締める。

6. ⑤を1～1.2cmの長さに切り、エッグタルトの型にはめて焼き上がりが年輪状になるように指で押してのばす。

7. ⑥にカスタード餡(後述)を流し、230～240℃で10分焼く。180℃に落として5分焼く。

カスタード餡

1. 牛乳と砂糖を鍋で温める。

2. 卵黄と薄力粉をボウルに合わせ、粉っぽさがなくなるまで混ぜる。

3. ②に①を加え混ぜる。漉す。

4. ③を中火にかけ、とろみがつくまで混ぜながら温める。

ワイン中華カ
自然派ワイン
ミツカン酢
18:00 OPEN
23:00 CLOSED
営業中
au PAY

自然派ワインに惚れ込み
タンメン専門店から業態チェンジ。
趣味と個性を詰め込んだ空間で
フリースタイルの料理を提供

5

自然派ワインと中華のお店

カントナ

神奈川・横浜

神奈川県横浜市西区
平沼1-33-12
くえーるビル 1階
☎ 045-314-4337

【店舗規模】12坪
【客席数】カウンター 4席、テーブル12席
【開業】2012年12月（2018年に業態変更）
【客単価】6000円

自然派ワインとの出会いは自分の料理が変わるほど衝撃的な事件でした

自然派ワインと中華のお店
カントナ　店主

粂田崇宏

1975年栃木県生まれ。横浜市で育ち、古着のバイヤーを経て横浜中華街「萬珍樓」に入社。「広東名菜 福鼓樓」を経て2012年、「タンメン・カントナ」を開業。2018年に現在の店名に。

カジュアルな雰囲気の店内にカウンター4席、テーブル12席を配する。奥の壁に見える背番号7の赤いユニフォームは、店名の由来であるサッカー選手、エリック・カントナのもの(上写真)。カラフルな日除け、自然派ワインと大書したのれん、「ビオワイン」と染め抜いた提灯など、ファサードを彩るサイン類は過剰なまでに派手に演出して、通行人の目を引き寄せる(左)。

横浜駅から徒歩10分ほどの商店街の外れに突如姿を現すレトロなファサードと、軒先に置かれた昭和時代の遊具。知らずに通りかかれば何の店かと戸惑いそうだが、ここはれっきとした中国料理店。粂田《くめた》崇宏さんが営む「自然派ワインと中華のお店　カントナ」だ。

開業から6年間、タンメン専門店として営業し、2018年、「やはり料理が作りたくなって」現在の姿にリニューアルした。路線変更に踏みきったきっかけのひとつは、自然派ワインとの出会いだ。「初めて自然派のオレンジワインを飲んだ時、上質な紹興酒のような味わいに、これは中華料理に合うぞ、と確信しました」。その後、旨みや渋みが豊富なタイプのワインとマッチする新たな味を模索。自作の醤やタレを重ねて味わいを広げるスタイルに行き着いた。中華の技法に忠実でありながら、素材使いや仕立ては時に居酒屋風、時に洋風。そして口に入れるとストンと胃に落ちるストレートなおいしさが粂田さんの料理の真骨頂だ。

現在は、コロナ禍中にはじめたキッチンカーでの魯肉飯販売や、横浜の飲食店が集って開催する自然派ワインイベント「ヨコハマキャラヴァン」の旗振り役など、粂田さんの活動範囲は料理さながらに自由な広がりを見せている。

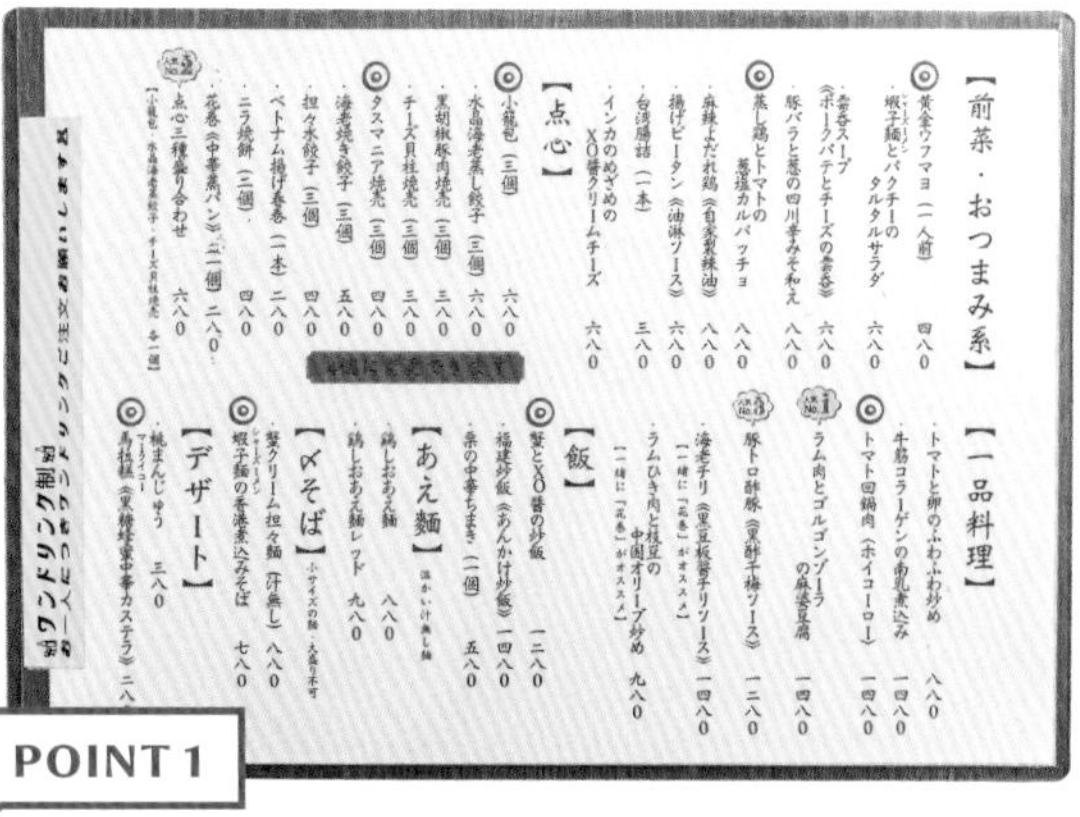

POINT 1

おなじみの中華の品に
ひねりを加えてワインがすすむ味に

料理は35品ほど揃える。点心や腸詰めは380円で用意するなど、全体的にリーズナブルな設定だ。烏龍茶で燻した半熟卵にコアントローやタクアン入りマヨネーズを合わせる「黄金ウフマヨ」(P.84)や、「ラム肉とゴルゴンゾーラの麻婆豆腐」(P.89)が人気メニュー。

POINT 2

昭和雑貨やマンガなど
趣味の品で店内を埋め尽くす

キャリアのスタートは古着のバイヤーだった条田さん。料理の道に進んで20年が過ぎた今もその気質は健在だ。昭和雑貨やレコード、マンガ、ヌンチャクなどが所狭しと並ぶ店内は、どこか古着屋を思わせる不思議な居心地の良さがある。左写真下に見える黒電話は、なんと今も現役で稼働中。

POINT 3

ワインは冷蔵庫から好みのボトルを
お客自身に選んでもらうスタイル

横浜・関内で自然派ワインを多く取り扱う鯖寅酒販などから仕入れる、各国の自然派ワインが主力。グラスは赤、白、オレンジを各2種ほど(880円〜)と、「乾杯のロゼ泡」と銘打ったスパークリング(1杯目680円、以降780円)を用意。ボトルは中心価格帯が4980〜5980円で、値段と説明書きのタグをボトルに付け、冷蔵庫から自由に選んでもらう。

黄金ウフマヨ

中華風“ウフマヨ”は
きざんだタクアン入り
「黄金マヨネーズ」が決め手

［材料］
半熟卵
烏龍茶
タクアン
グランマルニエ

アボカド棒々鶏

小角切りにした
蒸し鶏、アボカド、
トマトの
三位一体を味わう

［材料］
蒸し鶏
アボカド
トマト
ピーナッツ
ペースト

ミニトマトの
レモンマリネ

［材料］
ミニトマト
レモン果汁
グランマルニエ

口直しの軽いピクルスを
「こぼれスパークリング」用の
枡を生かした盛りつけで

蝦子麺とパクチーのタルタルサラダ

蝦子を練り込んだ麺を
黄金マヨネーズで和えた
カントナ流「スパサラ」

［材料］
蛯子入り中華麺
ゆでエビ
トマト
エリンギ

蒸し鶏とトマトの葱塩カルパッチョ

さっぱりしがちな蒸し鶏を
アバロンソースのコクで
パンチのきいた味わいに

［材料］
鶏の腿肉
トマト
10年ものの塩ダレ
アバロンソース

［材料］
ジャガイモ
オリーブオイル
クリームチーズ
XO醤

インカのめざめのXO醤クリームチーズ

インカのめざめの甘みと
XO醤のコクを
クリームチーズで橋渡し

揚げピータン《油淋ソース》

上新粉でサクッと
揚げたピータンと
油淋鶏風ソースの組合せ

［材料］
ピータン
揚げホムデン
カシューナッツ
麻辣醤

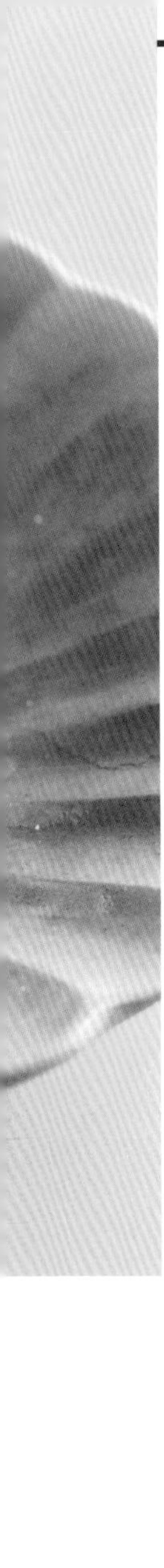

雲呑スープ
《ポークパテとチーズの雲呑》

市販のイベリコ豚のパテを
そのまま餡に活用。
キャンプ飯から生まれた
新作ワンタンスープ

［材料］
イベリコ豚のパテ
クリームチーズ
トマト
酒醸

タスマニア焼売

タスマニア産粒マスタードの
酸味と食感で、
焼売の新たな楽しみ方を提案

［材料］
豚挽き肉
タマネギ
グラーナ・パダーノ
粒マスタード

［材料］
羊挽き肉
枝豆
香港橄欖菜
（中国産オリーブとカラシナの漬物）

ラムひき肉と枝豆の中国オリーブ炒め

中国オリーブの漬物と
インゲンマメで仕立てる広東名菜を、
枝豆に変えておつまみ風にアレンジ

［材料］
牡蠣
腐乳
生クリーム
焦がしネギ油

牡蠣の発酵豆腐クリームソース

海のミルク「牡蠣」と
中華のミルク「腐乳」を合わせた
カントナ流のクリーム煮

ラム肉とゴルゴンゾーラの麻婆豆腐

ゴルゴンゾーラのクセが
四川風の味つけでマイルドに。
店で一番人気の麻婆豆腐

［材料］
羊挽き肉
絹ごし豆腐
ゴルゴンゾーラ
一味唐辛子
青山椒

海老焼き餃子

オリーブオイルと
黒酢で食べる、
ワイン好きのための
焼き餃子

［材料］
餃子の皮
エビ
豚の背脂
鶏挽き肉
タケノコ

豚トロ酢豚
《黒酢干し梅ソース》

干し梅、黒酢、レモン果汁、
リンゴジュース、黒糖……
酸味と甘みを重ねて
複雑味を引き出す

［材料］
豚トロ
ジャガイモ
黒酢
黒糖
干し梅（話梅）

パールクスクス炒飯

大粒のクスクスを
ご飯に見立てた
オリジナル「炒飯」に
レモンの泡をのせて

［材料］
パールクスクス
卵
ネギ
レモン果汁

［材料］
中華麺
ズワイガニ
クリームチーズ
グラーナ・パダーノ
XO醤

蟹クリーム担々麺

まかないから生まれた
汁なし担々麺は
ズワイガニとチーズが
主役の変化球

［材料］
牛のスジ肉
エリンギ
ジャガイモ
腐乳

牛筋コラーゲンの南乳煮込み

プルプル柔らかな牛筋煮込みは
オリジナル辛味噌が味の決め手

黄金ウフマヨ

P.84

【材料／1人分】
半熟卵……1個
烏龍茶（濃いめに淹れておく）
……適量
◎黄金マヨネーズ
半熟卵（つぶす）……1個分
マヨネーズ……30g
練乳……3g
グランマルニエ……適量
腐乳……10g
焦がしネギ油……適量
グラーナ・パダーノ（すりおろし）
……1つまみ
ゴマダレ（「アボカド棒々鶏」参照）
……8g
キュウリのピクルス（きざむ）
……適量
タクアン漬け（きざむ）……適量
揚げニンニク（きざむ）……1つまみ
揚げホムデン*（きざむ）……1つまみ
パクチーの茎（きざむ）……1つまみ
黒コショウ……適量
粒マスタード……適量
青山椒（粉）……適量
ライム……適量
パクチー……適量
辣油……適量

＊ホムデン　赤タマネギやエシャロットに似たネギ属の野菜で、アカワケギとも呼ばれる。タイ料理によく用いられる

【作り方】
1. 殻をむいた半熟卵を烏龍茶に浸け、冷蔵庫で一晩おく。
2. 黄金マヨネーズの材料をすべて合わせ、混ぜる。
3. 皿に①の卵を盛り、②の黄金マヨネーズをかける。
4. 青山椒をふり、適宜に切ったライムとパクチーを添える。辣油を別添えする。

ミニトマトの レモンマリネ

P.84

【材料／1人分】
ミニトマト……8個
◎シロップ
レモン果汁……15g
グランマルニエ……10g
グラニュー糖……25g
水……50g
セルフイユ……適量

【作り方】
1. ミニトマトを湯剥きする。
2. シロップの材料をボウルに合わせ、ラップをして10分間蒸す。
3. ②を冷まし、①を浸けて一晩おく。
4. グラスに盛り、セルフイユをのせる。

アボカド棒々鶏

P.84

【材料】
◎蒸し鶏
鶏の腿肉……80g
長ネギ（青い部分）……適量
ショウガ（薄切り）……適量
塩ダレ*1……適量
◎ゴマダレ
ゴマペースト……6g
ピーナッツペースト……6g
醤油……18g
砂糖……3g
酢……6g
ゴマ油……2g
A ┌ 麻辣醤*2……適量
A │ 辣油……適量
A └ 生クリーム……適量
アボカド（1cmの角切り）……1個
トマト（1cmの角切り）……1/3個
ディル……適量
カシューナッツ（ローストしてきざむ）
……適量

＊1 塩ダレ　ベースは水、塩、干しエビを合わせた液体。蒸し鶏を作る際に使用した塩ダレをその都度漉しては沸かし、冷凍保存してくり返し使い続けたもの
＊2 麻辣醤　自家製の辣油を作る際に出る、唐辛子粉と花椒粉の絞りカスを麻辣醤として使用している

【作り方】
1. 蒸し鶏を作る。鶏の腿肉を水に浸けて1時間おく。その間、何度か面を返す。
2. ①の腿肉の水気をきり、長ネギの青い部分、ショウガとともにラップで巻いて15分間蒸す。
3. ②の腿肉を塩ダレに浸けて20～30分間おく。
4. ゴマダレの材料を合わせ、Aを加え混ぜる。
5. ③の蒸し鶏を1cm角に切り、アボカド、トマトとともに④で和える。
6. 器に盛り、ディルをのせ、カシューナッツをふる。

蒸し鶏とトマトの葱塩カルパッチョ

P.85

【材料／2人分】

蒸し鶏（「アボカド棒々鶏」参照）
塩ダレ（「アボカド棒々鶏」参照）……適量
◎ソース
　長ネギ（みじん切り）……25g
　サラダ油……35g
　アバロンソース*……10g
　塩……2g
トマト……中1個
青山椒（粉）……適量
ライム……適量
セルフイユ……適量

＊アバロンソース　アワビのエキスに砂糖などを加えて凝縮させた調味料。オイスターソースと同様の使い方をする

【作り方】

1. 蒸し鶏を塩ダレに浸けて20〜30分間おく。
2. ソースを作る。長ネギに熱々に熱したサラダ油をかけ、アバロンソースと塩で味をととのえる。
3. ①の蒸し鶏とトマトを厚さ6mmほどにスライスし、交互に重ねて皿に盛る。
4. ソースをかけ、青山椒をふる。適宜に切ったライムとセルフイユを添える。

蝦子麺とパクチーのタルタルサラダ

P.85

【材料／2〜4人分】

蝦子麺*……45g
エリンギ（1cmの角切り）……10g
トマト（1cmの角切り）……10g
エビ（ボイルして1cmの角切り）……2尾
黄金マヨネーズ（「黄金ウフマヨ」参照）……20g
◎中華ドレッシング
　醤油……4g
　酢……3g
　砂糖……2g
　ゴマペースト……2g
　ゴマ油……適量
　レモン果汁……適量
パクチー……適量
ライム……適量
黒コショウ……適量

＊蝦子麺　蝦子（乾燥させたエビの卵）を練り込んだ麺

【作り方】

1. 蝦子麺を、油（分量外）を加えた湯で1分間ゆがき、ほぐす。
2. ①をバットに上げ、ラップをして30分間ほど蒸らす。冷蔵庫で保管する。
3. エリンギは素揚げし、湯にくぐらせて油を落とす。
4. ②、③、トマト、エビを合わせ、黄金マヨネーズで和える。
5. 中華ドレッシングの材料をすべて合わせ、パクチーを和える。
6. 器に⑤のパクチーを敷き、④をのせる。
7. 適宜に切ったライムを添え、コショウをふる。

揚げピータン
《油淋ソース》

P.86

【材料／1〜2人分】

ピータン……1個
上新粉……適量
◎油淋ソース
　醤油……12g
　砂糖……10g
　酢……7g
　黒酢……3g
　ゴマ油……3g
　麻辣醤……2g
　パクチーの茎（きざむ）……適量
　トマト（小角切り）……適量
　揚げニンニク（きざむ）……1つまみ
　揚げホムデン（きざむ）……1つまみ
　長ネギ（みじん切り）……適量
　ショウガ（みじん切り）……適量
アルファルファ……適量
パクチー……適量
カシューナッツ（ローストしてきざむ）……適量

【作り方】

1. ピータンを4等分し、上新粉をまぶしてカラリと揚げる。
2. 油淋ソースの材料をすべて合わせる。
3. 器にアルファルファを敷き、①のピータンをのせ、②のソースをかける。パクチーをのせ、カシューナッツをふる。

インカのめざめの
XO醤クリームチーズ

P.86

【材料／1～2人分】

ジャガイモ（インカのめざめ）
……1/2個
オリーブオイル……適量
◎ソース
　クリームチーズ……30g
　XO醤……10g
カシューナッツ
（ローストしてきざむ）
……適量
パクチー……適量

【作り方】

1. ジャガイモは一口大に切り、オリーブオイルをからめて蒸す。
2. ソースを作る。クリームチーズとXO醤を合わせ、蒸す。
3. ②のソースで①のジャガイモを和える。
4. 器に盛り、カシューナッツをふり、パクチーを添える。

雲呑スープ
《ポークパテとチーズの雲呑》

P.87

【材料／1～2人分】

◎ワンタン
　クリームチーズ……20g
　豚のパテ*……20g
　ワンタンの皮……4枚
◎トマト酒醸炒め
　トマト（くし切り）……1/5個
　ニンニク（きざむ）……1つまみ
　酒醸……小さじ1
鶏ガラスープ……適量
塩……適量
黒コショウ……適量
長ネギ（みじん切り）……適量
溶き卵……適量
トリュフオイル……適量
セルフイユ……適量

＊豚のパテ　市販のイベリコ豚のパテを使用

【作り方】

1. ワンタンの皮にクリームチーズ5gと豚のパテ5gをのせ、包む。
2. トマト酒醸炒めを作る。サラダ油（分量外）を熱した鍋でトマト、ニンニク、酒醸を炒める（この状態で冷蔵庫で保存する）。
3. ②の鍋に鶏ガラスープを注ぎ、沸かす。塩とコショウで味をととのえ、長ネギを加え、溶き卵を回し入れる。
4. ①のワンタンをお湯で2分間ゆでる。
5. 器に③と④を合わせ、トリュフオイルをたらす。セルフイユをのせる。

タスマニア焼売

P.87

【材料／10個分】

◎焼売の餡
A
- 豚挽き肉……250g
- タマネギ……1/4個
- キャベツ（みじん切り）……30g
- 塩……5g
- 黒コショウ……適量
- 砂糖……適量
- 溶き卵……1個分
- ゴマ油……適量
- 水……適量

片栗粉……適量
焼売の皮……10枚
グラーナ・パダーノ……適量
粒マスタード（タスマニア産）
……適量

【作り方】

1. 焼売の餡を作る。タマネギは半量を生で用い、半量は飴色になるまで炒める。
2. Aの材料をすべて混ぜ合わせる。水を何度かに分けて加えながら、こねる。
3. 水を十分に含んだ状態になったら、片栗粉を加え混ぜる。
4. ③を焼売1個あたり20gほどとり、焼売の皮で包む（この状態で冷凍保存しておく）。
5. ④を10分間蒸す。
6. ⑤を器に盛る。グラーナ・パダーノを削り、粒マスタードをのせる。

ラムひき肉と枝豆の
中国オリーブ炒め

P.88

【材料／1～2人分】

羊挽き肉……60g
サラダ油……適量
四川醤*1……10g
ニンニク（きざむ）……1つまみ
唐辛子（輪切り）……3g
エダマメ（ゆでる）……70g
トマト（小角切り）……20g
香港橄欖菜*2……20g
A
- 醤油……3g
- オイスターソース……10g
- 砂糖……4g

アルファルファ……適量

＊1 四川醤　自家製の辛味噌。海鮮醤、麺鼓醤、豆板醤、ゴマペースト、砂糖、ニンニク、揚げホムデンを炒

め、味噌を加えて煮詰めたもの

＊2 香港橄欖菜　中国オリーブとカラシナをオイル漬けにした瓶詰め製品

【作り方】

1. サラダ油を熱した鍋で羊挽き肉を炒める。ザルに上げ、熱湯を注いで油を抜く。

2. 鍋にサラダ油を熱し、四川醤、ニンニク、唐辛子を炒める。香りが立ったら①の挽き肉を加え、さらに炒める。

3. ②にエダマメ、トマト、香港橄欖菜を加えてさっと炒め、Aを加えて味をととのえる。

4. 器に盛り、アルファルファをのせる。

牡蠣の発酵豆腐クリームソース

P.88

【材料／1～2人分】

牡蠣……2個
鶏ガラスープ……30g
トマト酒醸炒め（「雲呑スープ《ポークパテとチーズの雲呑》」参照）……10g
塩……適量
腐乳＊……5g
バター……4g
生クリーム……10g
焦がしネギ油……適量
ディル……適量

＊腐乳　温めた鶏湯を少量加えてペースト状にしておく

【作り方】

1. ボウルに牡蠣と鶏ガラスープを入れて蒸す。

2. 鍋でトマト酒醸炒めを温め、①をスープごと注ぎ、沸かす。塩と腐乳で味をととのえる。

3. ②にバターを加えて溶かし、生クリームを加えて再度沸かす。

4. 器に盛り、焦がしネギ油をたらし、ディルをのせる。

ラム肉とゴルゴンゾーラの麻婆豆腐

P.89

【材料／2～4人分】

絹ごし豆腐……1丁
羊挽き肉……50g
サラダ油……適量
A
四川醤……20g
豆鼓醤……2g
麻辣醤……20g
豆板醤＊……2g
トマト酒醸炒め（「雲呑スープ《ポークパテとチーズの雲呑》」参照）……10g
鶏ガラスープ……90g
長ネギ（みじん切り）……適量
ゴルゴンゾーラ（小さくちぎる）……適量
B
一味唐辛子……適量
オイスターソース……10g
醤油……適量
水溶き片栗粉……適量
◎仕上げ
辣油……適量
青山椒（粉）……適量
花椒（粉）……適量

＊豆板醤　通常の豆板醤と、長期熟成によるコクの強さが特徴のピーシェン豆板醤をブレンドしたもの

【作り方】

1. 豆腐を厚さ1cmほどの一口大の菱形に切る。

2. 羊挽き肉はサラダ油を熱した鍋で炒める。ザルに上げ、熱湯を注いで油を抜く。

3. サラダ油を熱した鍋でAを炒め、鶏ガラスープを注いで沸かす。

4. ③に②の挽き肉、長ネギ、ゴルゴンゾーラを加えて煮立てる。

5. Bを加えて調味し、軽く煮込む。水溶き片栗粉でとろみをつける。

6. 器に盛り、仕上げの材料をふる。

海老焼き餃子

P.90

【材料／10個分】

◎餃子の餡
バナメイエビ……15尾
塩……適量
片栗粉……適量
豚の背脂……20g
A
鶏挽き肉……20g
タケノコ（水煮。せん切り）……1/4個分
砂糖……6g
塩……適量
黒コショウ……適量
片栗粉……適量
餃子の皮……10枚
◎タレ（数字は割合）
E.V.オリーブオイル……2
黒酢……1

【作り方】

1. 餃子の餡を作る。バナメイエビは背ワタを取り、塩と片栗粉をまぶして揉み洗いする工程を3度くり返す。

2. ①のエビの1/4量を小角切りにする。

3. ①のエビの3/4量と豚の背脂をフード・プロセッサーにかける。
4. ボウルに②、③、Aを入れて練る。全体が混ざったら片栗粉を加え混ぜる。
5. 餃子1個あたり20gの餡をとり、餃子の皮で包む。この状態で冷凍する。
6. ⑤を6分間蒸してから、サラダ油を熱した鍋で焼き色をつける。
7. タレの材料を合わせ、⑥の餃子に添えて提供する。

豚トロ酢豚
《黒酢干し梅ソース》

P.91

【材料／2～4人分】
豚トロ(棒切り)……200g
塩……適量
黒コショウ……少量
溶き卵……適量
上新粉……適量
ジャガイモ(皮付き。乱切り)
……1/3個
◎ソース
砂糖……15g
黒糖……15g
米酢……40g
黒酢……20g
レモン果汁……40g
リンゴジュース……20g
トマトケチャップ……30g
醤油……6g
塩……12g
話梅*……4粒
水溶き片栗粉……適量

＊話梅　梅干をシロップに浸けた後、乾燥させたもの

【作り方】
1. ボウルに塩、コショウ、溶き卵を合わせ、豚トロ肉を入れてよくからませる。
2. ①に上新粉を加え、全体がネチャネチャになるように混ぜる。
3. ②を揚げる。
4. ジャガイモを素揚げする。
5. ソースを作る。話梅以外の材料をすべてボウルに合わせ、ラップをして10分間蒸す。
6. 蒸し上がった⑤に話梅を入れてそのまま浸けておく。
7. ⑥のタレを鍋に入れて煮立たせる。水溶き片栗粉でとめる。
8. ⑦に②の豚トロと③のジャガイモを加え、さっと煮からめる。

パールクスクス炒飯

P.92

【材料／1～2人分】
パールクスクス*
……120g(炊き上がり)
サラダ油……適量
卵……1個
青ネギ(きざむ)……適量
トマト(1cmの角切り)……20g
塩……適量
黒コショウ……少量
◎レモンの泡
レモン果汁……60g
大豆レシチン……1g
パクチー 適量

＊パールクスクス　通常のクスクスよりも大粒に作られたクスクス。もちもちした食感が特徴

【作り方】
1. パールクスクスを、通常の炊飯と同じ分量の水(分量外)とともに炊飯器で炊く。
2. 鍋にサラダ油を熱し、卵を割り入れる。①のパールクスクスを加えて炒める。
3. ネギとトマトを加えてさらに炒め、塩とコショウで味をととのえる。
4. レモンの泡を作る。レモン果汁に大豆レシチンを加え、水槽用ポンプでエアーを送って泡を作る。
5. ③のパールクスクス炒飯を皿に盛り、④のレモンの泡をのせる。パクチーを添える。

牛筋コラーゲンの南乳煮込み

P.93

【材料】
◎牛筋煮(作りやすい分量)
牛のスジ肉……2kg
長ネギ(青い部分)……適量
ショウガ(薄切り)……適量
A
南乳……60g
四川醤(「ラムひき肉と枝豆の中国オリーブ炒め」参照)
……80g
オイスターソース……40g
醤油……30g
砂糖……25g
鶏ガラスープ……300g
エリンギ(一口大に切る)……1本
ジャガイモ(一口大に切る)
……1/4個
トマト酒醸炒め(「雲呑スープ《ポークパテとチーズの雲呑》」参照)
……10g

オイスターソース……10g
醤油……5g
砂糖……2g
水溶き片栗粉……適量
アルファルファ……適量

【作り方】
1. 牛筋煮を作る。掃除した牛のスジ肉、長ネギ、ショウガをバットに入れ、ひたひたのお湯(分量外)を注ぐ。ラップをし、1時間蒸す。粗熱がとれたらスジ肉を一口大に切る。
2. Aの材料をすべて合わせる。
3. ②に①のスジ肉を入れて、ラップをして5時間蒸す。
4. エリンギとジャガイモはそれぞれ素揚げする。
5. 鍋に1皿分100gの③、④、トマト酒醸炒めを入れて軽く煮込む。
6. オイスターソース、醤油、砂糖で味をととのえ、水溶き片栗粉でとろみをつける。器に盛り、アルファルファをのせる。

蟹クリーム担々麺

P.93

【材料/1人分】
◎蟹クリームダレ
ズワイガニ(ほぐし身)……50g
クリームチーズ……40g
麻辣醤……20g
XO醤……5g
グラーナ・パダーノ(すりおろし)……適量
揚げニンニク(きざむ)……適量
揚げホムデン(きざむ)……適量
長ネギ(きざむ)……適量
中華麺(太麺)……120g
中華ドレッシング(「蝦子麺とパクチーのタルタルサラダ」参照)……適量
ゴマダレ(「アボカド棒々鶏」参照)……適量
辣油……適量
カシューナッツ(ローストしてきざむ)……適量
パクチー……適量

【作り方】
1. 蟹クリームダレを作る。ボウルにすべての材料を合わせ、ラップをして蒸す。
2. 中華麺をゆで、①に加えて和える。
3. ②に中華ドレッシング、ゴマダレ、辣油を加えて混ぜる。
4. 器に盛り、カシューナッツをふり、パクチーをのせる。

ワンオペ営業ながら、
事前予約で特別料理にも対応。
あっと驚く
演出効果の高い品々で
食事の場を盛り上げる

6

中華ダイニング 一途一心

東京・亀有

東京都葛飾区亀有4-37-8
電 03-6770-1580

【店舗規模】9.8坪
【客席数】カウンター6席、個室1室(6席)
【開業】2021年4月
【客単価】昼:1500円 夜:8500円

予算に応じて自由に
コースを組むことも増え、
楽しみながらやってます

JR亀有駅から徒歩５分の住宅街に立地。「サービススタッフを介さず、お客さんとダイレクトにやり取りしたい」とワンオペ営業を前提にカウンター主体の店にした。

中華ダイニング
一途一心　店主
臼井元気

1992年埼玉県生まれ。調理師学校卒業後、「南国酒家」に入り伝統的な広東料理を学ぶ。「カントニーズ“燕”ケン タカセ」や「新東記 クラークキー」などで修業し、2021年に開業。

店名の四文字は「ひたすらに、ひたむきに」という意味の言葉で、店主の好きな本のタイトルからとったもの。2021年にオープンした「中華ダイニング 一途一心《いちずいっしん》」は、中国料理に一心に励んできた臼井元気さんが、料理もサービスも一人で行う店だ。「南国酒家 原宿本店」や東京ステーションホテル「カントニーズ“燕”ケン タカセ」といった都心の店を中心に修業した臼井さんだが、店を構えたのは東京の下町、亀有。「先の予測しづらいコロナ禍中の開業ということもあり、都心はリスクが高いと思って。住宅街が広がり家賃も安かった亀有のこの物件を選びました」（臼井さん）。

めざすのは、地元の人が日常的に通える店。当初はアラカルト20品ほどでスタートしたが、酢豚や麻婆豆腐といった定番の中華料理のおいしさが評判に。次第に常連客から「おまかせで」と言われるケースが増え、コースを設けた。また、「街場の店ではなかなか味わえない」と人気を集めるのが、事前予約制で提供する特別料理。「乳鳩の焼き物」（P.108）や「大きな胡麻団子」（P.111）は、そのインパクトあるビジュアルに客席から歓声が上がるほどだ。「食材の手配や準備が必要なので定番にはできませんが、中国料理の技術が詰まっていますし、今後も提供していきたい」と話す。

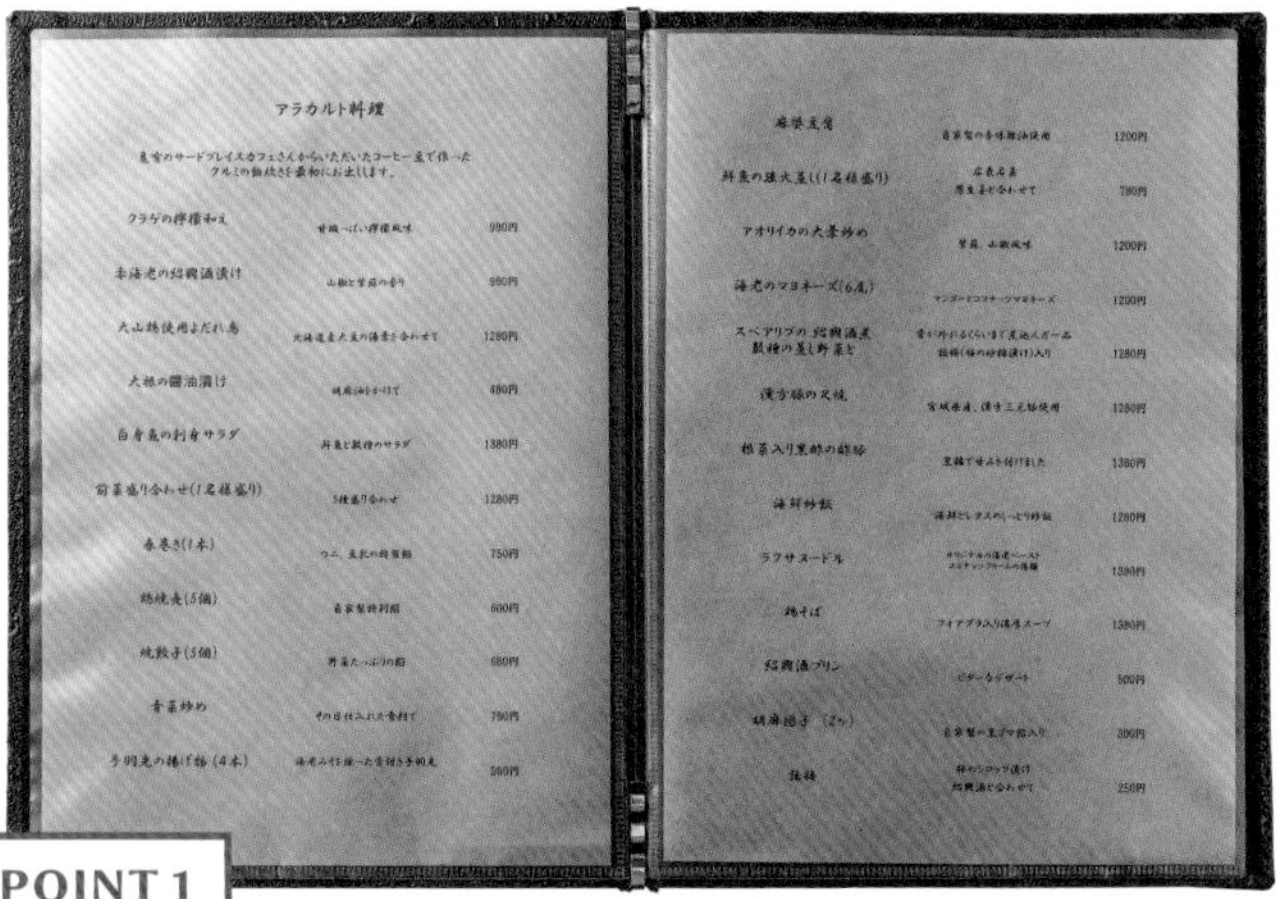

POINT 1

20品超のアラカルトは定番の中華+αで構成

夜のアラカルトは、春巻きや餃子、麻婆豆腐、エビマヨといった誰もが知る料理が並ぶ一方、シンガポール料理店で働いた経験を生かした「ラクサヌードル」などもあり、それが店の個性に。ランチは小鉢3種がついた1300～1500円の3種類のセットの他、2000円～のランチコースを予約制で提供。

POINT 2

地元の店との交流で亀有を盛り上げる

「地元に根ざした店にしていきたい」との思いもあって、食材はできるだけ近隣で購入。野菜は伊藤商店から、点心の皮や麺は新栄食品から、米は鈴木米店から仕入れる。なお、料理の冒頭に出すクルミの飴炊きは、近くのサードプレイスカフェから譲り受けるエスプレッソ抽出後のコーヒー粉を使って作る。

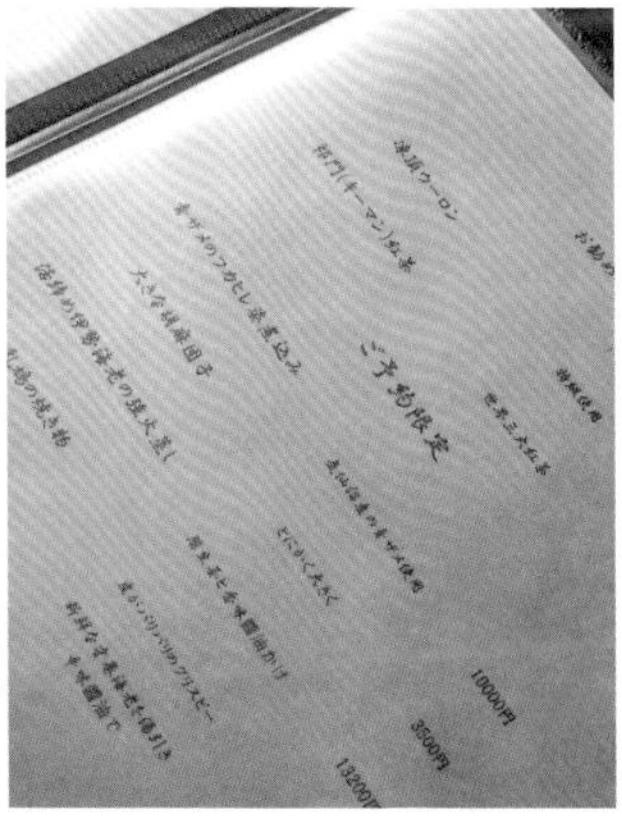

POINT 3

事前予約制で特別メニューを出す他、要望に応じてコースを作ることも

鳩の丸揚げや特大のゴマ団子といった料理を事前予約制で提供。これらの写真をSNSや口コミサイトに投稿するお客も多く、それを見て来店する新規客も増えている。「鳩の丸揚げは出したかった料理の一つですが、店の規模的にも大きなものは使いづらい。その点、220～240gの乳鳩は扱いやすく気に入っています」。

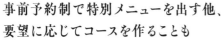

［材料］
マダイ
紅芯ダイコン
ワンタンの皮
淡口醤油
ピーナッツ油

白身魚の刺身サラダ

さっぱり味の刺身サラダは、
近所の製麺所から仕入れる
ワンタンの皮入り。
パリパリに揚げて、
食感のアクセントに

［材料］
クルミ
コーヒー粉
グラニュー糖
白ゴマ

クルミの飴炊き コーヒー風味

同じ亀有のカフェから譲り受ける
コーヒー粉を使った飴炊きは、定番の先付。
甘ったるくなく、そのほろ苦さが
「酒のつまみにぴったり」と評判

［材料］
クラゲの頭
白キクラゲ
米酢
辣油
レモン

クラゲの檸檬和え

甘酸っぱいクラゲの冷菜は、
「とにかく食べてほしい」と
メニューのトップに載せる自信作

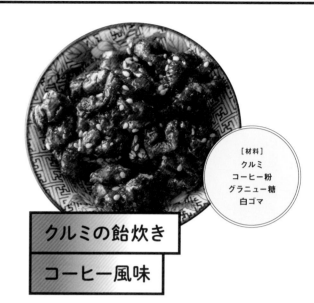

活才巻海老の紹興酒風味

活きたエビに紹興酒を飲ませて客前で披露。
その紹興酒でさっとゆでて提供する、
演出効果も抜群の事前予約メニュー

［材料］
サイマキエビ
紹興酒
辛味醤油

春巻き

「普通のタイプは他のお店でも食べられるから」と、春巻きはウニを使ったこの品のみ豆乳と生湯葉でクリーミーに

［材料］
ウニ
豆乳
生湯葉
ニンニク
アンチョビー

定番の「手羽先の唐揚げ」に
香ばしいエビの香りをプラス

手羽先の蝦醤揚げ

［材料］
鶏の手羽先
蝦醤
チキンパウダー
小麦粉

根菜入り黒酢の酢豚

［材料］
豚のロース肉
ナガイモ
A1ソース
穀物酢
黒酢

根菜の触感がアクセントの
「黒酢の酢豚」は、ランチでも大人気。
仕上げに少量のネギ油を加え、
ツヤよく仕上げるのがポイント

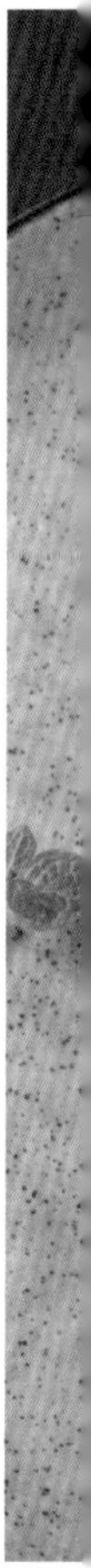

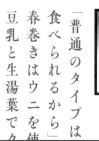

鮮魚の強火蒸し

脂ののったスジアラを「清蒸」に。旨みの強いソースを合わせ、淡泊な白身魚のおいしさを底上げ

［材料］
スジアラ
醤油
ナンプラー
ピーナッツオイル
パクチー

海老のマヨネーズ

ココナッツミルクとマンゴーを使った南国テイストのエビマヨに、「クルミの飴炊き」を散らして

［材料］
エビ
マヨネーズ
ココナッツミルク
マンゴーピュレ
クルミの飴炊き

広州産の生後4週間以内の乳鳩に下味をつけて
乾燥させ、高温の油をかけてきれいな焦げ色に。
事前予約制ながら、月に20羽もの注文が入る
見た目もインパクト大な人気メニュー

乳鳩の焼き物

［材料］
乳鳩
水飴
醸造酢
ローストピーナッツ

スペアリブの紹興酒煮
数種の蒸し野菜と

スペアリブは紹興酒で3時間煮て、
箸で崩れる柔らかさに。
さっぱり食べられるよう、
話梅入りの甘酸っぱいソースを流し、
蒸し彩り野菜を添えて

［材料］
スペアリブ
紹興酒
話梅
ハチミツ
五香粉

漢方豚の叉焼

宮城県産の漢方三元豚を使用
営業直前に焼き上げ、注文ご
オーブンで温めて提供。
アラカルトの肉料理として出
コースの前菜盛合せに入れる

［材料］
豚の肩ロース肉
醤油
ゴマペースト
海鮮醤
水飴

ラクサヌードル

シンガポールの名物料理を、
昼・夜ともにオンメニュー。
マレーシアで買いつけるブラチャンを加えた
ココナッツクリームベースのスープに、
米粉麺ではなく「中華麺」を合わせて

[材料]
ブラチャン
レモングラス
鶏ガラスープ
ココナッツクリーム
中華麺

[材料]
紹興酒
グラニュー糖
卵黄
牛乳

紹興酒プリン

弱い人なら酔ってしまうかも!?
紹興酒をしっかりきかせた
大人のプリン

大きな胡麻団子

風船大に膨らませたゴマ団子を切ると、
中には餡入りのゴマ団子がコロコロ
ユーモラスな姿が歓声を呼ぶ
お祝いの席にぴったりの品。
生地をちぎって食べれば、
つまみにも

［材料］
白玉粉
砂糖
ラード
黒ゴマペースト
みがきゴマ

白身魚の刺身サラダ

P.104

【材料】

マダイ……適量
紅芯ダイコン……適量
菊の花……適量
パクチー……適量
ミズナ……適量
ワンタンの皮*……適量
◎醤油ドレッシング
　淡口醤油……180g
　紹興酒……30g
　砂糖……35g
　米酢……60g
　ニンニク（みじん切り）……5g
　ショウガ（みじん切り）……5g
ピーナッツ油……適量
白ゴマ……適量
ピーナッツ（薄皮付きを素揚げ）
……適量

＊ワンタンの皮　店と同じ東京・亀有にある新栄食品のものを仕入れている

【作り方】

1. マダイをおろし、薄切りにする。
2. 紅芯ダイコンは細切りにし、菊の花は花びらに分ける。パクチーとミズナは適宜に切る。
3. ワンタンの皮を細切りにし、素揚げする。
4. 醤油ドレッシングの材料を鍋に合わせてひと煮立ちさせ、冷ましておく。
5. ①と②と③をボウルに合わせ、ピーナッツ油で和える。さらに④のドレッシング適量で和えて皿に盛り、白ゴマと軽く砕いたピーナッツを散らす。

クルミの飴炊き コーヒー風味

P.104

【材料／20人分】

クルミ……1kg
塩……適量
A
　水……1500ml
　コーヒー粉*……150g
　グラニュー糖……300g
B
　（数字は割合）
　水……1
　水飴……2
　グラニュー糖……2
白ゴマ……適量

＊コーヒー粉　店と同じ東京・亀有にあるサードプレイスカフェからエスプレッソを抽出した後のコーヒー粉を譲り受けて使用している

【作り方】

1. 塩を入れたお湯でクルミを5分間ほどゆで、アクを抜く。
2. ①のクルミを引き上げ、別のお湯で5分間ほどゆでる。
3. Aの材料を鍋に合わせて沸かし、②のクルミを10分間ほど炊く。
4. Bの材料を鍋に合わせて沸かし、コーヒー粉が表面に付いた状態の③のクルミを入れて水分を飛ばしながら煮からめる。ザルに上げて余計な水飴をきる。
5. ④を油で揚げる。最初は180℃でクルミを入れて火を止めてゆっくりと箸で混ぜ、高温にしてから引き上げてバットに広げる。白ゴマをまぶして30分間ほどそのまま冷ます。

クラゲの檸檬和え

P.104

【材料／15人分】

クラゲの頭……1kg
白キクラゲ（乾燥）……1kg
◎タレ
　米酢……600g
　砂糖……600g
　塩……45g
　豆板醤……30g
　ニンニク（みじん切り）……50g
　ショウガ（みじん切り）……50g
　レモン（薄切り）……1個
　辣油……70g
　ゴマ油……70g
　唐辛子（輪切り）……5g
カイワレダイコン……適量

【作り方】

1. クラゲの頭を一口大に切り、一晩流水にさらして塩抜きする。
2. ①を70～80℃のお湯に少量ずつ入れ、縮んだら氷水で締めてザルに上げる。
3. 白キクラゲを水に浸けてもどす。
4. ③をきざみ、お湯でさっとゆで、氷水で締めてザルに上げる。
5. ②と④に少量の砂糖と塩、ゴマ油（すべて分量外）を加えて揉み込み、余分な水分をとる。
6. タレの材料を合わせて、⑤を半日以上浸ける。
7. ⑥をタレの材料のレモンごと器に盛り、カイワレダイコンを添える。

活才巻海老の紹興酒風味

P.105

【 材料／1人分 】

サイマキエビ（活け）……2尾
紹興酒……適量
辛味醤油*……適量

＊辛味醤油　醤油に唐辛子の輪切りを浸けて一晩おいたもの

【 作り方 】

1. 活けのサイマキエビを蓋付きのガラスの器に入れ、客前で紹興酒を注いで蓋を締める。しばらくするとエビに紹興酒がまわって暴れるので、静かになるまで待つ。
2. ①の紹興酒を鍋に移して火にかけ、アルコール分をとばす。①のエビを入れて5秒間ほどゆでる。
3. ②のエビを皿に盛り、辛味醤油を小皿に入れてのせる。ウーロン茶に菊の花とレモンの輪切りを入れたフィンガーボウル（分量外）を添えて提供する。

春巻き

P.106

【 材料／12本分 】

◎餡
　豆乳……200g
　生湯葉……80g
　ウニ……80g
　ニンニク（みじん切り）……1つまみ
　アンチョビー（みじん切り）……1つまみ
　トマトケチャップ……30g
　塩……1g
　うま味調味料……5g
　砂糖……4g
　水溶き片栗粉*……30g
春巻きの皮（丸型）……適量

＊水溶き片栗粉　片栗粉13gと水17gを合わせたもの。餡にとろみがつく素材が入っているため、ゆるめの配合とする

【 作り方 】

1. 餡を作る。ボウルに豆乳と生湯葉、ウニを合わせる。
2. ニンニクとアンチョビーを鍋で軽く炒め、トマトケチャップを加えて軽く煮詰める。
3. ②に①、塩、うま味調味料、砂糖を加えて弱火でしっかりと煮詰め、水溶き片栗粉でとろみをつける。冷ます。
4. 春巻きの皮で③の餡適量を包み、油で揚げる。

手羽先の蝦醤揚げ

P.106

【 材料／10人分 】

鶏の手羽先……1kg
A
　蝦醤……60g
　砂糖……19g
　チキンパウダー……2g
　重曹……2g
　コショウ……少量
　全卵……1個
小麦粉……44g
片栗粉……20g
パクチー……適量

【 作り方 】

1. Aの材料をボウルに合わせ、鶏の手羽先を入れて混ぜる。
2. 別のボウルに小麦粉と片栗粉を合わせ、①の手羽先の表面にまぶし付ける。
3. ②の手羽先を180℃の油で2～3分間揚げる。最後の1分間は高温にし、引き上げてから余熱で火を通す。
4. ③を皿に盛り、パクチーを添える。

根菜入り黒酢の酢豚

P.106

【 材料 】

豚のロース肉 ……… 適量

A
- 塩 ……… 適量
- コショウ ……… 適量
- 全卵 ……… 適量
- 小麦粉 ……… 適量
- 片栗粉 ……… 適量

野菜（ナガイモ、紅芯ダイコン、芽キャベツなど）……… 適量

◎タレ

A1ソース*1 ……… 720g
穀物酢 ……… 2kg
水 ……… 1.5kg
トマトケチャップ ……… 1.5kg
ウスターソース（リーペリン）……… 142g
マーマレードジャム ……… 600g
片糖*2 ……… 600g
黒酢 ……… 500g
老抽 ……… 300g

水溶き片栗粉 ……… 適量
ネギ油 ……… 適量
ディル ……… 適量

＊1 A1ソース　野菜や果物、 ハーブをモルトヴィネガーでブレンドした濃厚なソース。 沖縄県では定番のステーキソースとして使われている
＊2 片糖（ピェンタン）　板状や片状の中国の砂糖

【 作り方 】

1. 豚のロース肉にAの塩とコショウ、全卵を加え混ぜて下味をつけ、小麦粉を加えて揉み、粘りを出す。片栗粉を表面にまぶし、180℃の油で揚げる。
2. 野菜は適当な大きさに切って素揚げする。
3. タレの材料を鍋に合わせて沸かし、そのまま冷ます（この状態で冷蔵保存する）。
4. ③を熱して水溶き片栗粉でとろみをつける。しっかりと沸かし、ネギ油を加えてツヤよく仕上げる。
5. ①50gと②、適量の④を鍋に合わせて火にかける。
6. 器に盛ってディルを飾る。

海老のマヨネーズ

P.107

【 材料／2人分 】

エビ ……… 6尾

A
- 塩 ……… 適量
- コショウ ……… 適量
- 片栗粉 ……… 適量
- 全卵 ……… 適量

◎ソース

マヨネーズ ……… 500g
ココナッツミルク ……… 180g
マンゴーピュレ ……… 200g
練乳（加糖）……… 200g
塩 ……… 4g
砂糖 ……… 30g

生野菜（紅芯ダイコン、菊の花、パクチー、ミズナなど）……… 適量
クルミの飴炊き（「クルミの飴炊き コーヒー風味」参照）……… 適量
ミント ……… 適量

【 作り方 】

1. エビの殻をむき、Aの塩とコショウをふって片栗粉をまぶす。
2. Aの片栗粉と全卵を同割で合わせ、①にまとわせる。さらに薄く片栗粉をまぶし付けて、160℃の油で3分間ほど揚げる。
3. ソースの材料をボウルに合わせる。
4. ③のソース適量を鍋で温め、②のエビを入れて和える。
5. 適宜に切った生野菜を皿に盛り、たっぷりのソースごと④を盛る。クルミの飴炊きとミントをあしらう。

鮮魚の強火蒸し

P.107

【 材料／1人分 】

スジアラのカマ ……… 60g
白髪ネギ ……… 適量
ショウガ（せん切り）……… 適量
ピーナッツオイル ……… 適量

◎ソース

グラニュー糖 ……… 30g
醤油 ……… 70g
ナンプラー ……… 50g
シーズニングソース* ……… 55g
水 ……… 650g
干しエビ ……… 15g
パクチー（茎）……… 適量

パクチー ……… 適量

＊シーズニングソース　大豆を発酵させて作る、たまり醤油に似た調味料。タイやベトナムなど東南アジアを中心に使われている

【 作り方 】

1. スジアラのカマを4分間蒸し、白髪ネギとショウガをのせ、熱したピーナッツオイルをかける。
2. ソースの材料を鍋に合わせてひと煮立ちさせる。
3. ①を皿に盛って②をかけ、パクチーをのせる。

乳鳩の焼き物

P.108

【材料／2～3人分】

乳鳩*……1羽

◎滷水

水……2000ml

グラニュー糖……150g

塩……100g

八角……30g

陳皮……30g

草果……30g

ローリエ……30g

水飴……適量

穀物酢……適量

ピーナッツ(皮付きを素揚げ)……適量

*乳鳩　中国・広州産。生後4週間以内の200～220gのものを中抜きで仕入れて使用

【作り方】

1. 乳鳩を掃除し、下ゆでして30分ほどおく。

2. 滷水の材料を合わせて強火にかけ、半量になるくらいまで煮詰める。そのまま冷ます。

3. ①を②に1時間～1時間半ほど浸ける。

4. ③のハトを引き上げて水きりし、水飴と穀物酢を1対2で合わせたものを表面全体にかける。

5. ④を吊るし、1時間～1時間半ほどサーキュレーターで風を当てる。風が当たる面を適宜変えて全体をしっかり乾燥させる。

6. 鍋で油を170℃に熱し、炸鏈に⑤を置いて鍋の上で油をまわしかける。まんべんなく揚げ色をつけ、完全に火が入る手前で止める。

7. ⑥を皿にのせて客前で披露し、いったん厨房に下げる(この間に余熱で火が入る)。

8. ピーナッツを敷いた皿に、適宜に切り分けた⑦を盛って提供する。

漢方豚の叉焼

P.109

【材料】

豚の肩ロース肉(宮城県産漢方三元豚)……2.3kg

◎タレ

砂糖……1kg

醤油……600g

塩……100g

オイスターソース……80g

ゴマペースト……100g

海鮮醤*……100g

五香粉……適量

沙薑粉(ショウガパウダー)……適量

水飴……適量

◎大豆のシロップ煮

大豆(乾燥)……150g

水……150g

片糖……120g

八角……適量

パクチー（茎)……適量

醤油……30g

クレソン……適量

*海鮮醤　大豆を主原料に、ゴマやニンニク、八角などを加えて作る広東風の甘味噌

【作り方】

1. タレの材料をすべて合わせ、8等分にした豚の肩ロース肉を浸けて揉み込み、1時間ほどおく。

2. ①から豚肉を引き上げてオーブンで焼く。最初は230℃で5分間、次に170℃で12分間、最後に260℃で5分間と温度と時間を変えて、適度な焦げ色をつけながら中まで火を通す。

3. ②の豚肉の表面に水飴をぬる。

4. 大豆のシロップ煮を作る。大豆を一晩水に浸けてもどし、90分間蒸す。

5. 水、片糖、八角、パクチー、醤油を鍋に合わせて沸かし、④の大豆を入れて15分間煮詰める。

6. ③の豚肉を100℃程度のオーブンに15分間ほど入れて温め、適宜に切る。⑤の大豆とともに皿に盛ってクレソンを飾る。

スペアリブの紹興酒煮 数種の蒸し野菜と

P.109

【材料】

豚の骨付きバラ肉……1.2kg

A
- 水……1kg
- 紹興酒……500g
- 醤油……120g
- ショウガ……10g
- うま味調味料……10g
- 八角……10g

◎ソース
- 紹興酒……3.6kg
- 話梅……50g
- 八角……15g
- 桂皮……5g
- ハチミツ……800g
- 醤油……20g
- レモン果汁……1/2個分
- 水溶き片栗粉……適量

野菜(芽キャベツ、ラディッシュ、紅芯ダイコン、サツマイモなど)……適量

五香粉……適量

【作り方】

1. 豚の骨付きバラ肉を脂の部分から順に強火で焼く。出てきた油を捨てながら、全面に焦げ色をつける。

2. Aの材料と①を鍋に入れ、弱火で3時間煮る。そのまま冷ますと余分な脂が固まるので除く(この状態で冷蔵保存する)。

3. ソースを作る。紹興酒を鍋に入れて火にかけ、沸いたら話梅、八角、桂皮を入れて半量になるくらいまで煮詰める。

4. 別鍋にハチミツと醤油、レモン果汁を合わせて火にかける。そこへ③を漉しながら加え、水溶き片栗粉でとろみをつける。

5. 野菜は適宜に切り、蒸しておく。

6. ②の豚肉(1人分120g)を適量の煮汁ごと蒸して温め、皿に盛る。⑤の蒸し野菜を添えて④のソースを適量流し、五香粉をふる。

ラクサヌードル

P.110

【材料】

◎エビミソペースト
- 大豆油……1.5kg
- ブラチャン[*1]……60g
- ホムデン(みじん切り)……1.2kg
- レモングラス(みじん切り)……300g
- ガランガル[*](みじん切り)……300g
- ニンニク(みじん切り)……400g
- 赤唐辛子(生。みじん切り)……500g

◎スープ
- 鶏ガラスープ……500g
- ココナッツクリーム……120g
- 塩……10g
- 醤油……15g
- チキンコンソメ……5g

中華麺……120g

エビ……適量

青ネギ……適量

パクチー……適量

＊**ブラチャン**　干したアミエビを塩漬けした、東南アジアで広く使われる発酵調味料

＊**ガランガル**　タイ料理によく使われるショウガ科の植物の根茎

【作り方】

1. エビミソペーストを作る。鍋に大豆油を入れて沸かし、残りの材料を入れて30分間ほど低温で煮る。

2. スープの材料を合わせて火にかける。これに100gの①を合わせる。

3. 中華麺をゆでて器に盛り、適量の②を注ぐ。ゆでたエビときざんだ青ネギ、パクチーを盛る。

紹興酒プリン

P.110

【材料／15人分】

◎カラメル
- グラニュー糖……140g
- 紹興酒……140g

卵黄……4個分

牛乳……350g

生クリーム……250g

板ゼラチン……10g

紹興酒(アルコールをとばしたもの)……100g

紹興酒……35g

【作り方】

1. カラメルを作る。フライパンでグラニュー糖を熱し、沸いたら紹興酒を加えてカラメル状にする。

2. ボウルに①と卵黄を入れてよく混ぜる。

3. 牛乳と生クリームを合わせて火にかける。沸いたら板ゼラチンを煮溶かす。

4. ②に③を漉しながら加え、2種類の紹興酒を加える。

5. とろみがつくまで④を冷まし、器に流して冷蔵庫で冷やし固める。生クリーム(分量外)をかけ、ミント(分量外)を飾る。

大きな胡麻団子

P.111

【材料】

◎ゴマ団子

A
- **黒ゴマペースト……100g**
- **水飴……120g**
- **砂糖……25g**

B
- **白玉粉……600g**
- **浮き粉……187g**
- **砂糖……262g**
- **ラード……375g**
- **水……525g**

磨きゴマ……適量

◎大きなゴマ団子

白玉粉……830g
水……430g
グラニュー糖……330g
ベーキングパウダー……10g
重曹……5g
磨きゴマ……適量

【作り方】

1. ゴマ団子を作る。ボウルにAの材料を入れてなめらかになるまで混ぜて餡とする。

2. ボウルにBの材料を入れてなめらかになるまで混ぜる。冷蔵庫で落ち着かせて生地とする。

3. ②の生地14gで①の餡8gを包み、表面に磨きゴマを付けて油で揚げる。

4. 大きなゴマ団子を作る。白玉粉500gと水を合わせて軽く揉み、15分間ゆでる。火が入ると浮いてくるので引き上げる。

5. ④に白玉粉330gとグラニュー糖、ベーキングパウダー、重層を加え、20～25分間ミキサーにかける。

6. ⑤をまとめ、ラップをかぶせて30分間ねかせる。

7. ⑥を350g計量し、表面に磨きゴマを付ける。炸鏈にのせ、180℃の油で20～25分間かけてゆっくりと揚げる。均等に丸く揚がるよう、炸鏈の上で転がして油をかけながら揚げる。

8. ⑦が直径20～25cmに膨らんだら引き上げる。粗熱がとれたら生地が固まるので、生地の一部をカットしてゴマ団子が入るくらいの小さな切れ目を入れる。

9. ⑧の切れ目から③のゴマ団子を数個入れ、砂糖（分量外）を敷いた皿に切れ目を下にして置く。

10. ⑨を客席に運んで披露し、その場で生地をハサミでカットする。好みで大きなゴマ団子の生地もちぎって食べるようすすめる。

ニラミン玉 900
羊・ココナッツオムレツ 1000
・羊レモングラス麻婆
・ハーブ炒飯 1000
・レモン炒飯 1000
・ココナッツ炒飯 1000
・羊ペッパークミン炒飯 1200
・インド米 400
クラフトコーラ
スパイス薬酒 800

7

牧谿

東京・市ヶ谷

香料料理 咖喱 酒のお店

東京都千代田区九段南3-8-2
ライオンズマンション
九段第2　1階
㊐ 090-9182-1144

【店舗規模】5.5坪
【客席数】カウンター7席
【開業】2020年2月
【客単価】約7000円

中国料理とインド料理、
2つの世界を行き来して
ありそうでなさそうな、
組合せの妙を
スパイシーに表現する

料理も酒もスパイスも
新しい組合せをまずは
やってみる、が基本姿勢

香料料理 咖喱 酒のお店
牧谿　店主
水野佳紀

1984年愛知県生まれ。美術大学を卒業後、現代美術の世界を経て「エリックサウス八重洲店」と「黒猫夜 六本木店」で学ぶ。2020年独立。

元はおでん屋だった小体な店舗を居抜きで使用。店名は南宋時代の画家、「牧谿」に由来する。旧店時代からあったはめ込み式の額縁に水野さん自作の絵を飾って雰囲気を整えた。夜は人通りが少なくなる静かな立地だが、評判を聞きつけた香料料理ファンでカウンター７席が連日埋まる。

「牧谿《もっけい》」の黒板には、一見どこの国の料理ともつかぬ謎めいたメニューが並ぶ。それらのベースにあるのは南インドのスパイス遣いと、中華の発酵技術。店主の水野佳紀さんは、自身が学んだ2国の料理を換骨奪胎し、国籍や食文化の境界を越えた、新たな料理へと生まれ変わらせる。

たとえば、「豚薬膳咖喱」(P.127) は、中国特有の薬膳を「ほんのりカレー風味のスープ」に仕立て直したもの。「キノコ雲南ミント炒め」(P.123) はキノコ料理で知られる雲南省でコショウ代わりに使われるブラックカルダモンに、マスタードシードでインドの要素をかけ合わせた品だ。

「元は美術の世界にいたので、伝統にない組合せや新しいアイデアを試すこと自体がおもしろいという意識があります。中国料理もインド料理も、時代時代の交通や政治の影響を受けて現在の形があるわけで、何かが少し違ったらこんな形もあったかも……と想像しながら楽しんでいます」

目下の悩みは、仕込みに追われ、新作の開発時間が足りないこと。それでも海外のYouTube動画などを手がかりに、日々アイデアを模索している。「今、興味があるのは客家料理。燻製茶を使った発酵豚とバスマティライスのお茶漬けなんておもしろそうだと思うんです」。

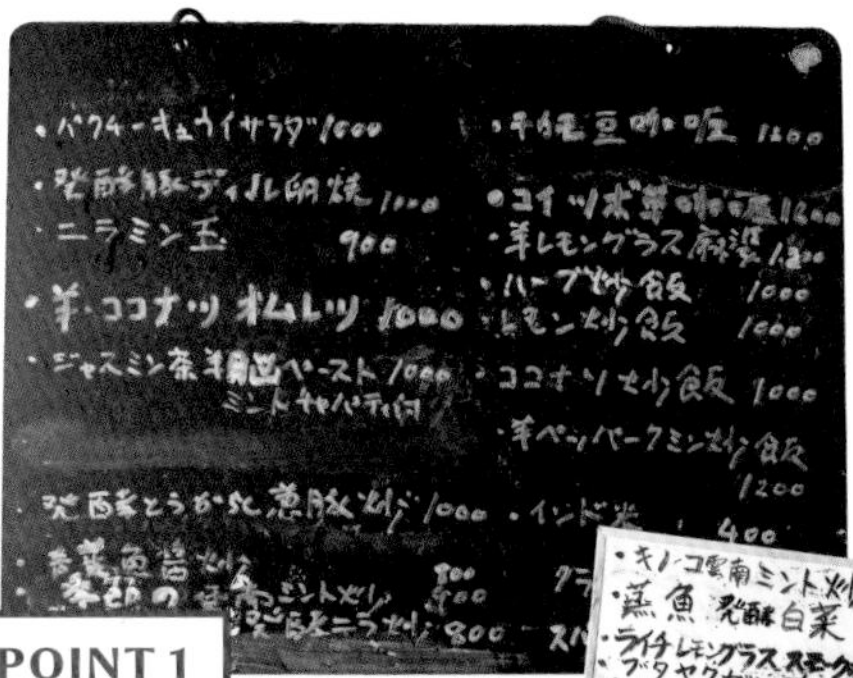

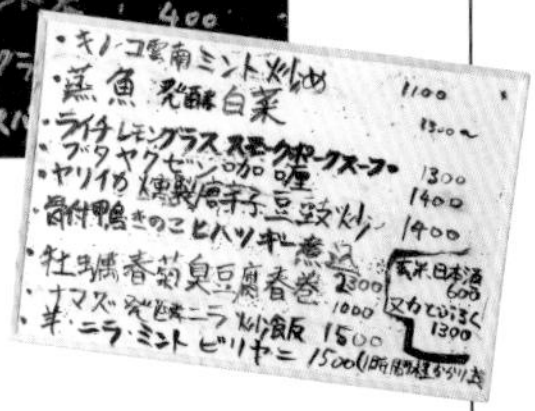

POINT 1

見る人の冒険心をそそる手書きの黒板メニュー

料理は単品を25品ほど。「ライチ・レモングラス・スモークポークスープ」、「骨付鴨・きのこ・ヒハツ・ギー煮込」など、想像力が刺激されるメニュー名と意外性のある味わいに惹きつけられ、常連になるお客が続出している。

POINT 2

発酵調味料やスパイスはアジア全域が探索範囲

ハーブやスパイスに発酵調味料を合わせて味わいを広げるのが水野さんの得意技。発酵ニラペーストや唐辛子の塩水漬けの他に、塩漬けしたナマズをモチ米に包んで発酵させた「発酵ナマズ」などベトナムやラオスの食文化からヒントを得た品も自家製する。

POINT 3

スパイスや発酵の風味に合わせ、旨みや酸味の強い日本酒を主軸に

日本酒（500円〜）は超低精米や古代米使用、水酛造りなど個性的な品が多い。スパイスや発酵の風味との相性を考え、すっきりした酸味やボディー感のある酒、または旨みと渋みが豊富な酒などを中心に選ぶ。ビールは「ワインのように食中酒として楽しんでほしい」（水野さん）との思いから、1000円台〜3000円まで幅広い品揃えに。

パクチーキュウイサラダ

キウイフルーツの
ドレッシングが
パクチーの香りを引き立てる
緑一色のグリーンサラダ

［材料］
パクチー
キウイフルーツ
ショウガ
カシューナッツ

マスタードオイル苺

［材料］
イチゴ
マスタードオイル
スペアミント

お通しは季節のフルーツが定番。
キンカンは燻香と青山椒に塩、
イチゴはマスタードオイルと青唐辛子で
ピリリと刺激をきかせる

スモーク金柑

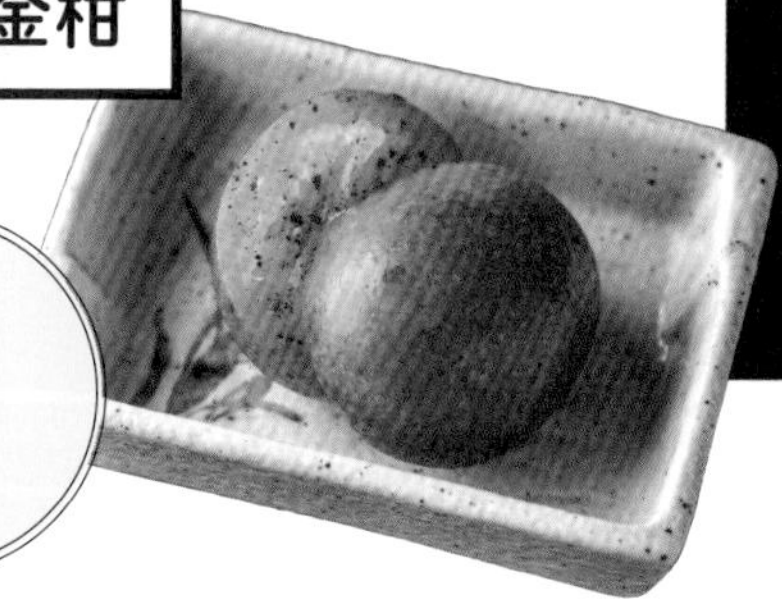

［材料］
キンカン
塩
青山椒

キノコ
雲南ミント炒め

雲南地方定番の組合せ、
キノコ×ブラックカルダモンを
シンプルな炒め物で

［材料］
エリンギ
マイタケ
スペアミント
ブラックカルダモン
ウラドダル
マスタードシード

羊・ピータン・発酵ニラ炒め

ニラやリンゴを漬け込んだ香り豊かな発酵ペーストが「曲者揃い」の一品を丸くまとめる

［材料］
羊挽き肉
ピータン
発酵ニラペースト
青山椒
コリアンダー

［材料］
春巻きの皮
牡蠣
シュンギク
臭豆腐
ショウガ

牡蠣春菊臭豆腐春巻

牡蠣とシュンギクに臭豆腐でひと味加えた春巻は日本酒がよくすすむ

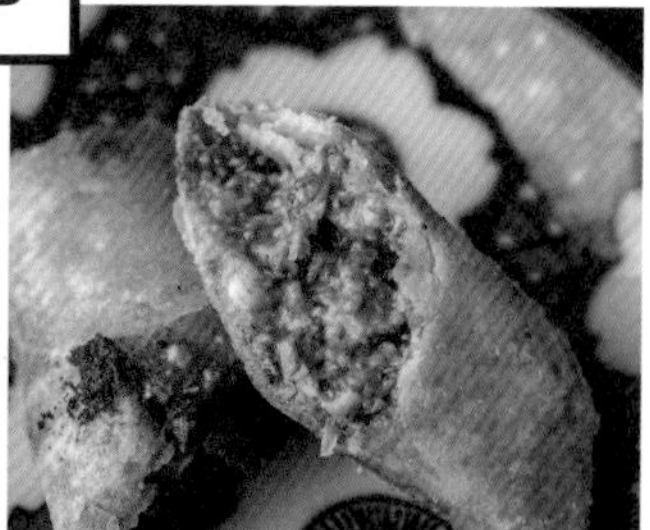

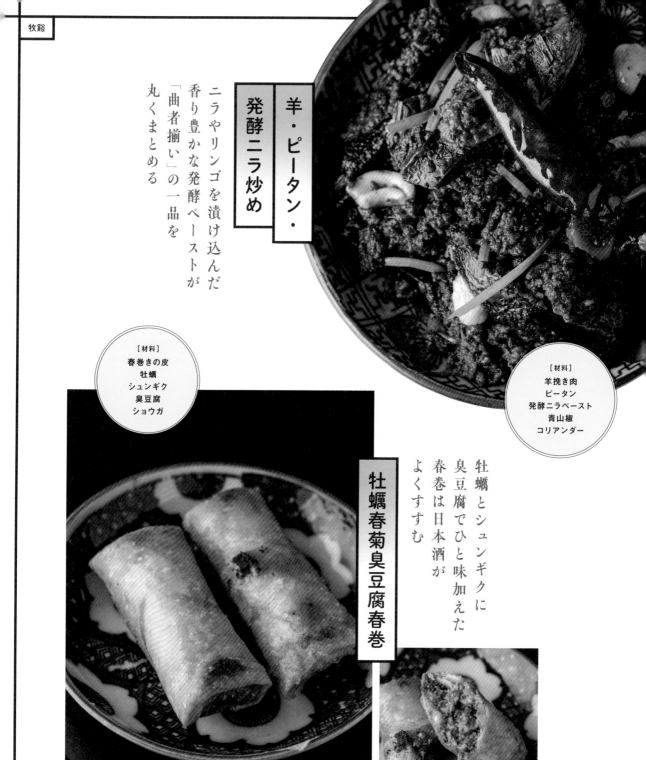

ジャスミン茶
羊レバーペースト

ジャスミン茶と
ブラックカルダモンが香る
羊のレバーペーストに
チャパティを添えて

［材料］
羊のレバー
ジャスミン茶
クミン
ターメリック

［材料］
日本酒
当帰
ナツメ
八角
クコの実

スパイス蒸し酒

当帰とナツメを漬けた日本酒に
追いスパイスして蒸した、
香料料理のための「熱燗」

ハーブと唐辛子がきいた
雲南省の卵料理とインドネシア風
ココナッツ・オムレツが融合

羊・ココナッツ
オムレツ

［材料］

羊挽き肉
卵
コブミカン
ココナッツミルク
パウダー
ココナッツファイン

豚薬膳咖喱

ライスいらずで楽しめる
カレー風味の薬膳スープ

［材料］
豚のバラ肉
タマネギ
トマト
生薬
（甘草、川芎、
当帰、熟地黄、
クコ、オウギ、
青山椒）

南米産唐辛子と
酢を合わせた「酸っぱ辛い」
自家製ペーストが味の肝

ヤリイカ
燻製唐辛子豆鼓炒め

［材料］
ヤリイカ
タマネギ
燻製唐辛子
ペースト
豆鼓パウダー

羊・ニラ・ミントビリヤニ

「もし雲南にビリヤニがあったら？」
そんな想像で仕立てた米料理を
オーダーごとに炊き上げて提供

［材料］
羊の腕肉
ジャガイモ
バスマティライス
ブラックカルダモン
青山椒

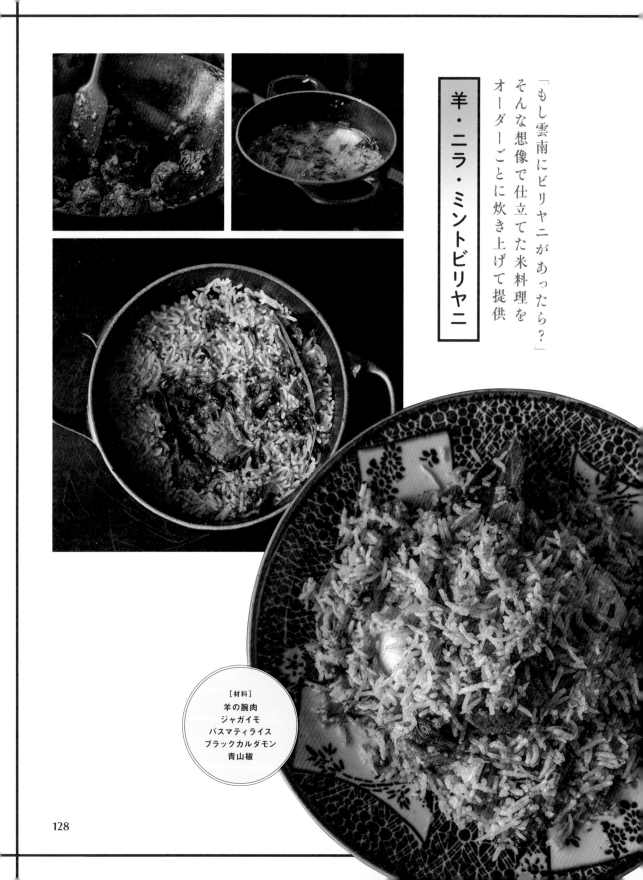

ナマズ発酵ニラチャーハン

ニラやヒングーが香る
東インドの
ナマズのカレーを
同じ素材でチャーハンに

［材料］
ナマズ
ヒングー
ウラドダル
ニラ
発酵ニラペースト

羊レモングラス麻婆

麻婆豆腐のアレンジは
アジアのどこかにありそうな
「甘くて辛い羊料理」の
イメージで

［材料］
羊の挽き肉
豆腐
コブミカン
マスタードシード
レモングラスペースト

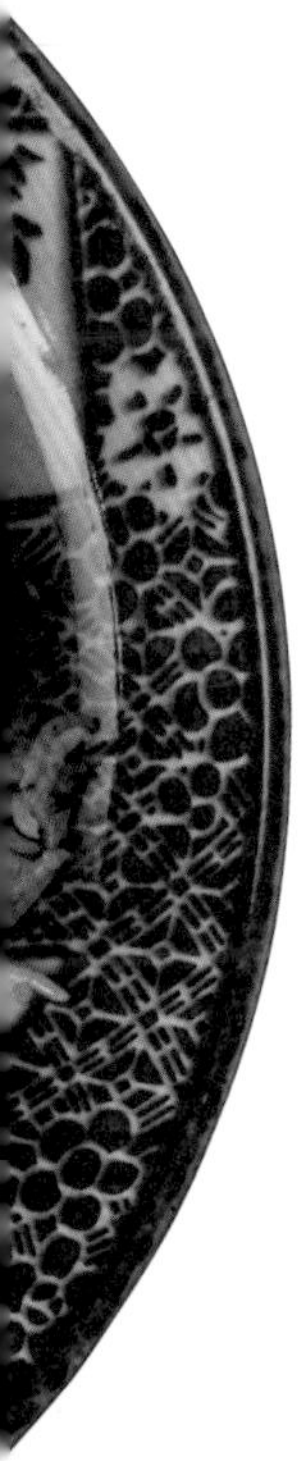

パクチーキュウイサラダ

P.122

【材料／2人分】
カシューナッツ……大さじ1
塩……適量
青山椒パウダー*……適量
パクチー……50g
レモン果汁……適量
◎ドレッシング
A ┌ キウイフルーツ……1個
　│ ショウガ……1片
　└ 青唐辛子……1/4本
砂糖……適量
しょっつる……適量
米酢……適量
レモン果汁……適量

＊青山椒パウダー　青山椒を香りが立つまで煎り、冷ましてブレンダーにかけたもの

【作り方】
1. カシューナッツをローストし、塩と青山椒パウダーをふる。
2. パクチーを水にさらし、水気をきる。適宜に切り、レモン果汁で和える。
3. ドレッシングを作る。Aをミキサーにかけてペーストにする。その他の材料を加え、味をととのえる。
4. ②を器に盛り、③をかけ、①を散らす。

スモーク金柑

P.122

【材料／10人分】
キンカン……10個
八角……適量
青山椒（粒）……適量
塩……適量
青山椒パウダー……適量

【作り方】
1. 中華鍋にスモークチップ（分量外）、キンカン、八角、青山椒を入れ、蓋をして熱する。煙が立ったら弱火にして5分間ほど燻製にかける。
2. ①のキンカンを冷蔵庫で冷やしておく。
3. ②のキンカンを半割にして、塩と青山椒パウダーをふって提供する。

マスタードオイル苺

P.122

【材料／10人分】
イチゴ*……20個
スペアミント（きざむ）……適量
A ┌ 塩……適量
　│ マスタードオイル……大さじ2
　└ レモン果汁……適量

【作り方】
1. Aをすべて合わせておく。
2. 皿にイチゴを盛り、スペアミントをのせ、①をかける。（イチゴ以外にも、ナシやスイカなどさまざまな季節の果物で応用できる。一例として、柿で作る場合は次のようにする。柿を切って直火で炙り、レモン果汁をたらす。青山椒パウダー、ブラックカルダモンパウダー、チリパウダー、塩を合わせたミックススパイスで和え、マスタードオイルをかける）。

キノコ雲南ミント炒め

P.123

【材料／2人分】
キノコ（エリンギ、マイタケ、カキノキダケなど）……250g
サラダ油……大さじ1
唐辛子（ちぎる）……1個
マスタードシード……小さじ1
ウラドダル*1……小さじ1
フェンネルシード……小さじ1/2
ヒングー*2……1ふり
塩……小さじ1/2
ブラックカルダモンパウダー……小さじ1
スペアミント（きざむ）……多めの1掴み
青山椒パウダー……適量

＊1 ウラドダル　南インド料理でよく用いられる豆の品種。ここでは乾燥したものをそのまま用いる
＊2 ヒングー　セリ科の植物アサフォエティダの根茎から採れる樹液を固めて粉末状に加工した香辛料

【作り方】
1. キノコを一口大に切る。
2. 鍋にサラダ油を熱し、唐辛子とマスタードシードを入れる。マスタードシードが弾けてきたらウラドダル

を加え、茶色く色づくまで炒める。
3. フェンネルシードとヒングーを加える。香りが立ったら①のキノコを加え、油をなじませる。
4. 塩とブラックカルダモンパウダーを加え、蓋をして弱火で2分間ほど蒸し焼きにする。
5. 蓋を外し、強火で煽って水分をとばす。スペアミントを加え、青山椒パウダーをふって軽くなじませる。

牡蠣春菊臭豆腐春巻

P.124

【材料／10人分】
牡蠣……1kg
サラダ油……大さじ2
ショウガ(きざむ)……1片
青唐辛子……1本
シュンギク(ざく切り)……1束
臭豆腐*……2かけ
水溶き片栗粉……少量
春巻きの皮(ミニサイズ)……20枚

＊臭豆腐　豆腐を発酵液に浸けて作る発酵食品。地域によりいくつかのタイプがあるが、ここでは腐乳に近い北京タイプの「王致和臭豆腐」を使用

【作り方】
1. 牡蠣を洗い、水気をきっておく。
2. 鍋にサラダ油を温めて、ショウガと青唐辛子を香りが立つまで炒める。
3. ①の牡蠣を加えてさらに炒める。牡蠣から水分が出てきたらシュンギクを加え、シュンギクが色づいたらつぶした臭豆腐を加える。
4. 水溶き片栗粉で軽くとろみをつける。
5. ④を春巻きの皮で包み、160℃の油(分量外)で揚げる。

羊・ピータン・発酵ニラ炒め

P.124

【材料／2人分】
◎羊のそぼろ(作りやすい分量)
羊挽き肉(腿)……500g
コリアンダーパウダー……大さじ1
黒コショウ(粗挽き)……適量
醤油……大さじ1弱
砂糖……大さじ1弱
唐辛子……1本
ニラ(きざむ)……1掴み
ヒングー……1ふり
ピータン(4つ割り)……1個
カシューナッツ……小さじ1
パクチー……1掴み
青山椒パウダー……1つまみ
◎発酵ニラペースト
A
ニラ……1束
ショウガ……10g
キュウリ……50g
リンゴ……50g
ミント……10g
青唐辛子……1本
日本酒……140g
塩……12g

【作り方】
1. 羊のそぼろを作る。鍋にサラダ油(分量外)を引き、羊挽き肉を水分をとばすように炒める。
2. ①にコリアンダーパウダーとコショウをふってさらに炒める。パウダーに火が入ったら醤油と砂糖を入れて、肉がカリカリになるまで炒める。
3. 別鍋にサラダ油(分量外)を引き、唐辛子を炒める。ニラ、ヒングー、ピータン、カシューナッツを加え、ピータンが色づくまで炒める。
4. ③に②の羊のそぼろ30gとパクチーを加え、仕上げに青山椒パウダーと発酵ニラペースト(後述)大さじ山盛り1を加えてさっと混ぜる。

発酵ニラペースト
1. Aの材料をすべて合わせてミキサーにかけ、ペーストにする。
2. ①に日本酒と塩を加え、密閉する。常温で1週間おき、発酵させる(冷蔵庫で1年ほど保管できる)。

スパイス蒸し酒

P.125

【材料】
日本酒……適量
当帰……適量
ナツメ……適量
スパイス(八角、クコの実、青山椒、クミンなど)……適量

【作り方】
1. 日本酒に当帰とナツメを浸けて2日間ほどおく。
2. 提供前に①を猪口に注ぎ、スパイスを入れて4分間ほど蒸す。
3. 軽く冷まして提供する。

ジャスミン茶
羊レバーペースト

P.125

【材料／10個分】

羊のレバー……500g

ターメリック……適量

サラダ油……50g

A
- 唐辛子(割る)……1本
- シナモン……1片
- クミン……小さじ1
- 八角……2個

タマネギ(くし切りして三等分)……400g

GGペースト*……160g

青唐辛子……1本

トマト……150g

ターメリックパウダー……小さじ1

◎ジャスミン茶

水……300g

ジャスミン茶葉……20g

塩……適量

砂糖……適量

◎仕上げのスパイス

クミンシード……適量

フェンネルシード……適量

黒コショウ(粗挽き)……適量

ブラックカルダモンパウダー……適量

青山椒パウダー……適量

ミント入りのチャパティ……1枚

*GGペースト(Ginger Garlick Paste)
すりおろしたニンニク、ショウガ、水を1対1対2で合わせたペースト。仕込んでおき、各種の料理に使用する

【作り方】

1. 羊のレバーをターメリックを溶かした湯でゆがく。水気をきり、適宜の大きさに切る。

2. 鍋にサラダ油を温め、Aを加えて香りが立つまで熱する。

3. タマネギ、GGペースト、青唐辛子を加え、タマネギが飴色になるまで炒める。

4. トマトを加えてさらに炒める。トマトの水分がとんだらターメリックパウダーを入れて、全体をなじませる。

5. ④に①の羊のレバーを加えて軽く炒める。

6. ジャスミン茶を淹れる。水を沸かし、ジャスミン茶葉を加えて1分間煮出す。

7. ⑤に⑥のジャスミン茶を漉しながら注ぎ、20間分ほど弱火で煮る。

8. ⑦をミキサーに移し、ペーストにする。味を見て必要なら塩と砂糖を加える。

9. 提供前に仕上げのスパイスをふり、軽く混ぜる。器に盛り、ミント入りのチャパティを添える。

羊・ココナッツ
オムレツ

P.126

【材料／2人分】

◎オムレツ

全卵……2個

羊のそぼろ(「羊・ピータン・発酵ニラ炒め」参照)……大さじ1

コブミカンの葉(細かくきざむ)……2枚

パクチー……1掴み

GGペースト……大さじ1

ココナッツファイン……大さじ2

タマネギ(みじん切り)……1掴み

青唐辛子(きざむ)……1/3本

コショウ(粗挽き)……小さじ1弱

塩……1つまみ

砂糖……1つまみ

サラダ油……大さじ1

◎ココナッツペースト

A
- ココナッツミルクパウダー……50g
- ココナッツファイン……50g
- 塩……適量
- ぬるま湯……100g

マスタードシード……小さじ1/2

唐辛子(ちぎる)……1本

ウラドダル……小さじ1

サラダ油……大さじ1

【作り方】

1. オムレツを作る。ボウルに全卵を溶き、サラダ油以外の材料をすべて合わせ、混ぜる。

2. フライパンにサラダ油を熱し、①を注いで厚さ5mmほどにのばす。蓋をして、弱火で4分間蒸し焼きにする。生地が固まってきたら裏返して、両面に軽く焼き色をつける。

3. ココナッツペーストを作る。ボウルにAの材料をすべて合わせる。

4. 鍋でサラダ油を熱し、マスタードシードを加える。マスタードシードが弾けはじめたら唐辛子とウラドダルを加え、すぐに火を止める。冷めたらAと混ぜる。

5. 皿にオムレツを盛り、④のココナッツペーストをかける。

ヤリイカ 燻製唐辛子
豆鼓炒め

P.127

【材料／2人分】

ヤリイカ……適量

サラダ油……大さじ3

唐辛子……3本

A
- ベイリーフ……1枚
- ブラックカルダモン……1個
- 八角……1個
- クローブ……4個
- 黒粒コショウ……小さじ1/2

クミンシード……適量
フェンネルシード……適量
タマネギ(ざく切り)……1つまみ
ミニトマト……4個
塩……適量
◎スモークチリペースト
　唐辛子(チポトレ)[*1]……6g
　唐辛子(アヒパンカ)[*2]……6g
　サラダ油……90g
　タマネギ(ざく切り)……500g
　GGペースト……135g
　米酢……30g
　砂糖……適量
　塩……適量
水……50g
コマツナ(ざく切り)……1束
日本酒……2回し
米酢……2回し
豆鼓パウダー[*3]……適量
パクチー……適量

＊1,2 チポトレ、アヒパンカ　ともに南米原産の唐辛子
＊3 豆鼓パウダー　豆鼓を90℃のオーブンで1時間ローストしてブレンダーにかけたもの

【作り方】
1. 鍋にサラダ油大さじ2を熱し、唐辛子を炒める。香りが立ったら一口大に切ったヤリイカを加え、強火で炒める。火が入ったらヤリイカと唐辛子を取り出しておく。
2. ①の鍋にサラダ油大さじ1を追加して熱し、Aを炒める。ベイリーフが軽く色づいたらクミンシードとフェンネルシードを入れる。スパイスに火が通ったらタマネギとミニトマトを加え、軽く塩をして、タマネギが色づくまで炒める。
3. スモークチリペースト(後述)を大さじ1加え、必要なら水でのばす。
4. ③が沸いたらヤリイカと唐辛子を戻し入れ、コマツナを加える。日本酒と米酢を入れて軽く煮込む。仕上げに豆鼓パウダーとパクチーを加え混ぜる。

スモークチリペースト
1. サラダ油を引いた鍋で、2種の唐辛子を香りが立つまで熱する。
2. タマネギとGGペーストを加え、タマネギが飴色になるまで炒める。
3. 米酢を加えてなじませる。ミキサーにかけてペーストにし、砂糖と塩で味をととのえる。

豚薬膳咖喱

P.127

【材料／10人分】
◎薬膳スープ
　豚のバラ肉……1kg
　酒……200g
　水……1800g
　生薬(甘草、川芎、当帰、熟地黄、クコの実、オウギ)……適量
　青山椒(粒)……適量

A
- 唐辛子……2本
- 八角……4個
- ブラックカルダモン……2個
- ベイリーフ……2枚
- クローブ……4個
- サラダ油……40g

タマネギ(ざく切り)……125g
トマト(ざく切り)……90g
GGペースト……35g
塩……5g
カレーパウダー[*]……適量
パクチー……適量

＊カレーパウダー　クミンシード1g、コリアンダーシード3g、八角2個、唐辛子3本、青山椒パウダー3g、黒粒コショウ3gを軽く色づくまで煎り、パウダーにしたもの

【作り方】
1. 薬膳スープを作る。豚のバラ肉を一口大に切ってゆがく。
2. 鍋に①、酒、水、生薬、青山椒を合わせて弱火で3時間蒸し、薬膳スープとする。
3. 別鍋にAを入れて火にかける。スパイスの香りが立ってきたらタマネギを加え、色づくまで炒める。
4. ③にトマトとGGペーストを加えてさらに炒める。塩で味をととのえ、カレーパウダーを加えて全体をなじませる。
5. ④に②の薬膳スープを加えてなじませる。塩で味をととのえる(提供前に一晩ねかせるとより味がしみる)。
6. 器に盛り、パクチーをあしらう。

羊・ニラ・ミント ビリヤニ

P.128

【材料／2人分】

◎羊の下煮(作りやすい分量)
- 羊の腕肉……1kg
- サラダ油……75g

A
- 八角……2個
- ブラックカルダモン……2個
- クローブ……5個
- ベイリーフ……1枚
- 黒粒コショウ……小さじ1/2
- シナモン……1片

B
- クミンシード……1つまみ
- ヒングー……1ふり
- GGペースト……大さじ1
- 青唐辛子……1/2本

C
- ブラックカルダモンパウダー……小さじ1.5
- 青山椒パウダー……小さじ1/2
- ニラ(きざむ)……1掴み
- ミント……1掴み

ジャガイモ(皮をむき一口大に切る)……小1個
塩……5g
バスマティライス……90g
水……180g

【作り方】

1. 羊を下煮する。羊の腕肉を掃除して一口大に切り、サラダ油を注いだ鍋に入れる。弱火で30分間ほど煮る。
2. ①の鍋から2人分の分量として羊肉30gと油10gを取り分ける。
3. 鍋に②とAを入れて火にかけ、ベイリーフがキツネ色になったらBを加える。全体に熱が回ったらCを加える。
4. ③にジャガイモ、塩、バスマティライス（30分ほど前から水に浸けておいたものを水気をきって使用する。水はとりおく）を加えて、米が透き通るまで炒める。
5. ④をココット鍋に移し、バスマティライスを浸けていた水を全量入れる。蓋をして強めの中火で沸かし、沸いたら弱火にして10分間ほど加熱する。火を止め、10分間蒸らす。

ナマズ発酵ニラ チャーハン

P.129

【材料／2人分】

ナマズ……1尾
ターメリックパウダー……適量
マスタードオイル……大さじ2

A
- 唐辛子……1本
- ウラドダル……小さじ1/2
- フェヌグリーク……1つまみ

カロンジ[*1]……1つまみ
ヒングー……1ふり
ニラ(きざむ)……1つまみ
発酵ニラペースト(「羊・ピータン・発酵ニラ炒め」参照)……大さじ1
チャーハンペースト[*2]……大さじ1
バスマティライス(炊いたもの)……200g
塩……適量
青山椒パウダー……適量
陳皮パウダー……適量

＊1 カロンジ　タマネギに似た甘みと独特な苦みが特徴のスパイス。ブラッククミン、ニゲラとも呼ばれる
＊2 チャーハンペースト　熱した油45gにタマネギ250g、GGペースト90gを入れて濃い茶色になるまで炒めたもの。チャーハンのベースとして用いる

【作り方】

1. ナマズはおろして軽く塩をふり、冷蔵庫で1日おく。1皿分50gを取り分け、1cm角に切る。
2. ①にターメリックパウダーをまぶし、マスタードオイルで揚げ焼きにする。取り出して油をきる。
3. ②の揚げ油にAを入れて熱する。ウラドダルが軽く茶色く色づいたらカロンジ、ヒングー、ニラを加える。
4. ニラの香りが立ったら発酵ニラペーストとチャーハンペーストを入れて混ぜ合わせる。全体に火が通ったら②のナマズを戻し入れ、1～2分間加熱する。
5. ④にバスマティライスを加えて手早く炒める。水気がとんだら塩で味をととのえ、青山椒パウダーと陳皮パウダーをふる。

羊レモングラス麻婆

P.129

【材料／2人分】

唐辛子……1本
マスタードシード……小さじ1/2
サラダ油……大さじ1
カロンジ……1つまみ
フェンネルシード……1つまみ

A
- コブミカンの葉(きざむ)……適量
- ミント(きざむ)……適量
- ニラ(きざむ)……適量
- パクチー (きざむ)……適量
- タマネギ(みじん切り)……適量

GGペースト……適量
◎レモングラスペースト
　唐辛子（アヒ・アマリージョ。きざむ）
　……250g
　サラダ油……大さじ2
　レモングラス（きざむ）……5本
本ミリン……3回し
しょっつる……1回し
日本酒……10g
水……200g
当帰……1片
西京味噌……小さじ1.5
絹ごし豆腐（一口大に切る）
……半丁
羊のそぼろ（「羊・ピータン・
発酵ニラ炒め」参照）……小さじ2
水溶き片栗粉……適量
ガチャーイオイル*……適量
青山椒パウダー……適量
ミント（きざむ）……適量

＊ガチャーイオイル　タイ料理などでしばしば用いられるショウガに似たスパイスのガチャーイ（ガチャイ）を漬け込んだオイル

【作り方】

1. 鍋にサラダ油を熱し、唐辛子とマスタードシードを入れて香りが立つまで熱する。マスタードシードが弾けはじめたらカロンジとフェンネルシードを加える。

2. ①にAを加えて炒める。スパイスの香りが立ったらGGペーストとレモングラスペースト（後述）を加え、さらに炒める。

3. 本ミリン、しょっつる、日本酒を加え、アルコール分をとばす。水を注ぎ、当帰を加えて沸騰させる。沸いたら西京味噌を加えて溶かす。

4. 絹ごし豆腐と羊のそぼろを入れて2分間ほど煮込む。水溶き片栗粉を加え、再度沸かす。ガチャーイオイルを加える。

5. 皿に盛り、青山椒パウダーをふり、ミントを散らす。

レモングラスペースト

1. サラダ油を熱し、唐辛子を入れて軽く焦げ目がつくまで炒める。

2. レモングラスを加えて炒める。

3. ②をミキサーにかけてペーストにする。

8

関飯店

東京都中野区中野5-62-9
㊂ 03-3388-1260

【店舗規模】13坪
【客席数】カウンター4席、テーブル15席
【開業】2021年6月
【客単価】昼：950円
夜：6000～7000円

東京・中野

ひとひねり加えた料理と
それに寄り添う自然派ワイン。
エンタメ性を意識した
サービスも楽しい、
元気になれる中華

2020
ALSACE
2019

お客さま目線を大事に、
妻の意見も聞きながら
新作を作っています

中野駅から徒歩約２分。亜友美さんの両親が50年間に渡り営業した洋食店「ローズガーデン」跡地にオープン。店の隅には常時10種弱を仕込む発酵調味料も。

関飯店　店主

関 達也

1986年埼玉県生まれ。調理師学校を卒業後、ヒルトン東京「王朝」で11年間働く。イタリア料理店でサービスの経験もある妻の亜友美さんとともに、2021年に独立開業。

クラゲにフルーツを合わせたり、昆布締めしたタイの蒸籠蒸しに自家製の醤《ひしお》ソースを合わせたり——。20種ほどのアラカルトメニューには、料理好きなら誰もがワクワクするような料理が並ぶ。東京・中野の「関飯店」は、ヒルトン東京「王朝」で修業を積んだ関 達也さんと、妻でソムリエールの亜友美さんが、2021年に開業した店だ。

ホテル仕込みの達也さんがめざすのは、「他では食べられない、ひとひねりを加えた料理」。新メニューを作る際は、2人でアイデアを出し合い、試食を重ねる。もっとも意識するのは、「マニアックにならないこと」。「例えば香辛料は、料理人の私は慣れているので、強くきかせがち。かといって弱すぎると凡庸になるので、その中間を狙います」（達也さん）。関飯店を語るうえでもう一つ欠かせないのが、亜友美さんによる、明るく楽しいサービスだ。「夫婦2人きりなので、お客さまの協力なしには店がまわりません。ですから、例えばお料理がお皿に残っていて、次の皿が出せない時には『ジャンケンして勝った人が食べましょう！』と促してみたり。およそサービスのセオリーからは外れてますよね（笑）」（亜友美さん）。あの店に行くと元気になれる——そんな声が町に浸透しはじめ、昼夜ともに満席の日が続く。

POINT 1

ひとひねり加えた料理を昼夜とも価格を抑えて

魚介に果物を合わせたり、自家製の発酵調味料を使ったり。創作性の高い料理が並ぶが、「気軽に来てもらいたいから」と、価格はカジュアル。ランチタイムは近くで働く会社員や近隣住民を中心に、客足が途絶えることがない。「昼しか食事に出られないお客さまもいるはずですから、どんなにハードでもランチは続けていきたいですね」と亜友美さん。

POINT 2

ワイン初心者も楽しめるエンタメを意識したサービス

明るくフレンドリーなサービスは、某テーマパークのキャストの接客を参考にしたもの。「楽しんでもらう」ことを第一に、ワインを飲みなれない若いカップルなどに、その特徴を芸能人や職場の役職などに例えて説明することも。なお、ボトルは5000円台が中心と、ワイン好きにやさしい設定だが、「お茶だけでも大歓迎！」とのこと。

POINT 3

グラスや器でも楽しさを表現

ワインを飲むお客の7割がボトル注文という同店だが、ワインに応じて数種類のグラスを用意し、その違いも楽しんでもらう。カラフルな器が多いのは、「器で視覚的な変化をつけたい」との思いから。「盛りつけに時間を使うより、作りたてをすぐに食べてほしいので」と達也さん。ちなみに「中華×ワイン」のコンセプトは開業当初はなかったそう。いろいろ試す中で、達也さんの料理にいちばん合ったのが自然派ワインだったという。

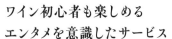

フードペアリングの本を参考に
「キウイ×牡蠣」の組合せに着目。
ソースも牡蠣もキンキンに冷やして

カキオイル漬 キウイ山椒ソース

［材料］
牡蠣
キウイフルーツ
唐辛子
山椒油
木姜油

落花生の香料煮

前菜盛合せで出して
好評だった生の落花生を
安価な乾燥ものに変えて、
手頃な一品料理に

［材料］
落花生（乾燥）
八角
桂皮
ローリエ
実山椒

［材料］
クラゲの頭
米酢
砂糖
実山椒
アマナツ

クラゲとフルーツの甘酢和え

実山椒入りの甘酢に浸けたクラゲとフレッシュのアマナツの組合せ。甘みを抑えて酸味を強めることでワインにぴったりの冷前菜に

ザーサイと干し海老の和え物

さっと出せて場持ちする一品。ザーサイは炒めて水分を抜くこ味が入り、保存がきくように。ネギ油で香りよく

［材料］
四川ザーサイ
長ネギ
ショウガ
干しエビ
ネギ油

［材料］
豚のバラ肉
紹興酒
中国醤油
チヂミホウレンソウ
ネギ油

干し肉と青菜の炒め

自家製の干し肉は豚のバラ肉で。その脂の旨みを軸にするため、仕上げの味つけはごくシンプルに

海老の発酵キノコ炒め

自家製の発酵キノコとその発酵液を使った、すっぱ辛いエビ料理。発酵由来の旨みとまるい塩味で「ご飯にかけて食べたい！」との声も

［材料］
エビ
シイタケ
エリンギ
酸湯醤
発酵液

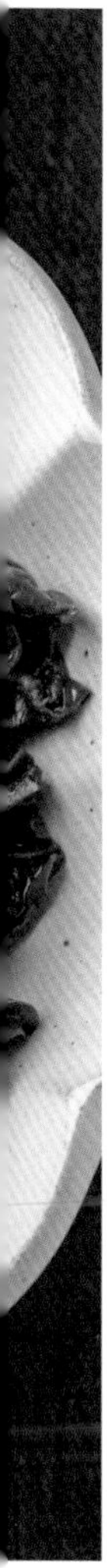

ごろんと大きなタイの衣揚げを、
崩してソースと混ぜて味わう。
木姜油が香る「プッタネスカ」風ソースは
イタリアン経験者の亜友美さんのアイデア

鯛の衣揚げ 木姜トマトソース

［材料］
タイ
アンチョビー
ミニフルーツトマト
破布子
木姜油

［材料］
エビ
ニンニク
青ノリ
陳皮
青山椒

マコモ茸の衣揚げ ティムールペッパー塩炒め

食べ歩きで知ったネパールの山椒「ティムールペッパー」の香りをまとわせた、ワインがすすむ一品

［材料］
マコモタケ
ティムールペッパー
クミン
老酒

海老と青のり青山椒炒め

青ノリと青山椒——二つの「青」の相性のよさにフォーカス。陳皮による複雑味と柑橘のニュアンスもポイント

鶏セセリの塩レモンバジル蒸し

鶏のセセリに発酵塩レモンや
泡辣椒、バジルをのせて蒸す。
ワインに合うようレモンの酸味を前面に

鯛の昆布締めせいろ蒸し ひしおソース

タイは昆布締めしてから蒸すことでしっとり＆凝縮した仕上がりに。自家製の醤を使ったソースは角の取れたまろやかな甘みと塩味

［材料］
タイ
昆布
ショウガ
醤
蒸魚鼓油

角煮の黒酢酢豚

角煮にして中まで味をしみ込ませ、
油で揚げて香ばしくした「黒酢の酢豚」。
ホテル勤務時代に学んだ品を
作業・価格の両面でカジュアル化

［材料］
豚バラ肉
黒酢
砂糖
中国醤油
ゴマ油

しらすとセリの炒飯

XO醤ならぬ「しらす醤」の
おいしさが核。
シャキシャキ感が残るよう、
セリは仕上げの直前に

［材料］
白米
シラス醤
セリ
朝天辣椒粉

関飯店自慢の麻婆豆腐

「中野でおいしい麻婆豆腐を！」
と店名を冠した品は、
16㎜挽きの合い挽き肉を使った
肉々しさが味わえる自信作

［材料］
木綿豆腐
合い挽き肉
合わせ豆板醤
甜麺醤
朝天辣椒粉

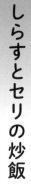

色々ハーブのせワンタンスープ

鶏ガラスープに香味野菜を入れて
3時間蒸してとるスープが命。
三つ葉やパクチーは、スープに浸すことで
食感の変化も楽しめる

カキオイル漬
キウイ山椒ソース

P.140

【材料／5人分】

牡蠣……10個

サラダ油……適量

A
- ニンニク（薄切り）……1/2個
- ローリエ……2枚
- 実山椒……2g
- 唐辛子……4本

◎キウイ山椒ソース

キウイフルーツ（皮をむく）……4個

塩……適量

山椒油……適量

ネギ油……適量

花椒（粉）……少量

木姜油*……少量

＊木姜油　日本で山蒼子（やまそうし）とも呼ばれる木姜の香りを油に移したもの。レモングラスに似たフレッシュな香りが特徴

【作り方】

1. 牡蠣を塩と水（分量外）で軽く洗い、汚れを落とす。

2. 鍋にお湯を沸かし、火を止めてから①を入れる。1分間ほど加熱したら、ザルにとってペーパータオルで水気をとる。

3. 牡蠣がひたひたになるくらいの量のサラダ油、Aを鍋に入れて弱火にかける。②を入れて10分間温め、そのまま冷ます。粗熱がとれたら冷蔵庫で冷やす。

4. キウイ山椒ソースの材料を合わせてミキサーにかける。冷蔵庫でよく冷やす。

5. ④を皿に流し、表面の油をペーパータオルでふいた③を盛る。ソースの縁に沿って花椒と木姜油をふる。

落花生の香料煮

P.140

【材料／5人分】

落花生（乾燥）……300g

◎浸け地

塩……110g

砂糖……30g

酒……100ml

水……1900ml

八角……15g

桂皮……10g

ローリエ……10枚

実山椒……15g

唐辛子……10本

【作り方】

1. 落花生はえぐみが抜けるまで何回かゆでこぼす。

2. 浸け地の材料をボウルに合わせて火にかける。沸騰したら①の落花生を入れ、30分間煮る。

3. ②を冷まし、落花生を浸けた状態で1日おく。

4. ③の落花生を浸け地に使ったスパイスとともに皿に盛る。

ザーサイと干し海老の和え物

P.141

【材料／10人分】

四川ザーサイ……500g

長ネギ（みじん切り）……1/2本

ショウガ（みじん切り）……1かけ

干しエビ（お湯でもどして、みじん切り）……40g

ネギ油……50ml

砂糖……3g

【作り方】

1. ザーサイを適度な塩味になるまで15分程度流水にさらす。ザルに上げて水気をきる。

2. ①のザーサイを食べやすい大きさに切り、鍋で炒める。そのまま冷ます。

3. ボウルに長ネギ、ショウガ、干しエビを入れ、熱したネギ油をかける。

4. ③に②と砂糖を入れて混ぜる。

クラゲとフルーツの甘酢和え

P.141

【材料／10人分】

クラゲの頭……1kg

◎甘酢

米酢……520g

砂糖……450g

◎香り油

唐辛子……3g

実山椒……3g

サラダ油……50g

甘夏……1/2個

スペアミント……少量

【作り方】

1. クラゲの頭を沸騰したお湯に30秒間くぐらせ、1日流水にさらす。

2. ①の臭みがとれたら食べやすい大きさにカットする。

3. 甘酢を作る。米酢と砂糖を合わせて火にかけ、砂糖が溶けたら火を止める。

4. 香り油を作る。唐辛子と実山椒を香りが出るまでサラダ油で炒める。

5. ③の甘酢と④の香り油を合わせて冷ます。

6. ②を⑤に1日浸ける。

7. ⑥のクラゲ、皮をむいてカットした甘夏、ちぎったスペアミントを合わせて皿に盛る。

海老の発酵キノコ炒め

P.142

【材料／2人分】

エビ……10尾

発酵キノコ[*1]……適量

酸湯醤[*2]……3g

鶏ガラスープ……80ml

発酵液[*1]……10ml

砂糖……少量

水溶き片栗粉……適量

ネギ油……少量

スペアミント……適量

＊1 発酵キノコ・発酵液　食べやすい大きさに切ったシイタケ6個、エノキタケ1株、エリンギ2本、シメジ1株を沸騰したお湯で1分間ゆで、水気をよくきる。水600ml、塩35g、唐辛子4本、ニンニク1個、四川白酒少量とともに煮沸した容器に入れて蓋をし、1日1回容器の底からかき混ぜながら、常温で5～7日間程度（夏は3～4日間）おいて発酵させる。今回はその発酵液も使用

＊酸湯醤　黄色の発酵唐辛子を主原料とする、さまざまな野菜の旨みが凝縮された調味料。酸菜を使った貴州料理「酸湯」を簡単に作ることができる

【作り方】

1. エビを塩と片栗粉、少量の水（すべて分量外）で洗い、汚れを落とす。

2. ①の水気をペーパータオルでふき取り、塩とコショウ、酒で下味をつけ、卵白と片栗粉を合わせ、付着を防ぐためサラダ油（すべて分量外）をまとわせる。

3. ②を油通しし、発酵キノコ、酸湯醤と軽く炒める。鶏ガラスープ、発酵液、砂糖を加え、水溶き片栗粉でとろみをつける。

4. ③にネギ油をたらし、器に盛ってスペアミントを散らす。

干し肉と青菜の炒め

P.142

【材料】

豚のバラ肉(皮付き)……2kg

◎漬けダレ

- 醤油……1000ml
- 紹興酒……750ml
- 砂糖……適量
- 中国醤油……適量
- 長ネギ(青い部分)……4本分
- ショウガ……2かけ
- 実山椒……20g
- 唐辛子……15本
- ニンニク……2個

ニンニク(みじん切り)……少量

チヂミホウレンソウ……1束

鶏ガラスープ……適量

塩……適量

コショウ……適量

酒……適量

ネギ油……適量

【作り方】

1. 豚のバラ肉はフォークなどで全体に穴をあける。

2. 漬けダレの材料を鍋に合わせて、砂糖が溶けるまで火にかける。そのまま冷ます。

3. ①を②に3～4日間漬ける。

4. ③の豚肉を引き上げ、1週間～10日間ほど干す。

5. ④を蒸籠で蒸して、適当な大きさにスライスする。

6. 油ならしした鍋にニンニクと⑤を入れて軽く炒め、適当な大きさに切ったチヂミホウレンソウ、鶏ガラスープ、塩、コショウ、酒を加えてさらに炒める。仕上げにネギ油をまわしかける。

鯛の衣揚げ 木姜トマトソース

P.143

【材料／2人分】

タイ(切り身)……1/4枚

ネギ油……10g

アンチョビー(みじん切り)……1枚

ニンニク(すりおろし)……2g

ミニフルーツトマト……12個

破布子(種を除いてみじん切り)……10個

塩……少量

木姜油……適量

◎揚げ衣

- 薄力粉……適量
- ベーキングパウダー……適量
- 水……適量

セルフイユ……適量

【作り方】

1. タイに塩とコショウ、酒(すべて分量外)で下味をつける。

2. 鍋にネギ油とアンチョビー、ニンニクを入れて炒める。香りが出てきたらカットしたミニフルーツトマト、破布子を加えてさらに炒め、塩で調味する。そのまま冷ます。

3. ②が常温まで冷めたら、木姜油を加える。

4. ①に揚げ衣をまとわせ、油で揚げる。

5. 器に③を敷いて④を盛り、セルフイユを飾る。

海老と青のり 青山椒炒め

P.144

【材料／2人分】

エビ……10尾

A
- 塩……適量
- コショウ……適量
- 酒……適量
- 卵白……適量
- 片栗粉……適量
- サラダ油……適量

ニンニク(すりおろし)……少量

B
- 鶏ガラスープ……適量
- 青ノリ(生)……10g
- 陳皮(水でもどし、みじん切り)……2g
- 酒……少量
- 塩……適量
- 砂糖……適量

水溶き片栗粉……適量

ネギ油……少量

青山椒(粉)……少量

【作り方】

1. エビを塩と片栗粉、少量の水(すべて分量外)で洗い、汚れを落とす。

2. ①の水気をペーパータオルでふき取り、Aの塩とコショウ、酒で下味をつけ、卵白と片栗粉を合わせ、付着を防ぐためサラダ油をまとわせて油通しする。

3. 鍋にニンニクを入れて軽く炒め、Bの材料を加える。

4. ③に②のエビを入れて水溶き片栗粉でとろみをつけ、仕上げにネギ油をまわしかける。

5. ④を皿に盛り、青山椒をふる。

マコモ茸の衣揚げ ティムールペッパー塩炒め

P.144

【材料／2人分】

◎ティムールペッパー塩
　塩……100g
　ティムールペッパー（粉）……15g
　クミン……2g
マコモタケ……1.5本
◎揚げ衣
　薄力粉……適量
　水……適量
　ベーキングパウダー……適量
長ネギ（みじん切り）……1/4本
老酒……少量
ティムールペッパー（粒）……少量
セルフイユ……適量

【作り方】

1. ティムールペッパー塩を作る。塩を乾煎りして冷まし、ティムールペッパー、クミンと合わせる。

2. マコモタケの皮をむいて細い乱切りにし、揚げ衣をまとわせて油で揚げる。

3. 鍋に長ネギを入れて軽く炒め、②のマコモタケを入れて①をふりながら炒める。老酒をまわしかける。

4. ③を器に盛り、ティムールペッパーをミルで挽きかけ、セルフイユを飾る。

鶏セセリの塩レモンバジル蒸し

P.145

【材料／2人分】

鶏のセセリ……120g
A
　塩……適量
　コショウ……適量
　酒……適量
　卵白……適量
　片栗粉……適量
　サラダ油……適量
発酵塩レモン[*]……20g
ニンニク（みじん切り）……少量
泡辣椒（みじん切り）……5g
ネギ油……適量
バジル（みじん切り）……適量
ナンプラー……少量

＊**発酵塩レモン**　きざんだレモンを塩麹に漬け、1週間ほど常温において発酵させたもの

【作り方】

1. 鶏のセセリを適宜に切ってAの塩とコショウ、酒をもみ込む。卵白と片栗粉を加え、付着を防ぐためのサラダ油をまとわせる。

2. 発酵塩レモンとニンニク、泡辣椒をネギ油で炒め、そのまま冷ます。冷めたらバジルを加え混ぜる。

3. ①の上に②をまんべんなくのせ、蒸籠で蒸す。蒸し上がったらナンプラーをたらす。

4. ③を皿に盛り、バジル（分量外）を飾る。

鯛の昆布締め せいろ蒸し ひしおソース

P.146

【材料／2人分】

タイ（切り身）……1枚
昆布……適量
酒……適量
長ネギ（青い部分）……1本分
ショウガ（薄切り）……2枚
◎薬味
　白髪ネギ……1/3本
　ショウガ（細切り）……2g
　ネギ油……適量
◎ひしおソース
　鶏ガラスープ……30ml
　醤[*1]……10g
　蒸魚鼓油[*2]……適量
ウルイ……適量
パクチー……適量

＊1 **醤**　「ひしおの糀」（名刀味噌本舗）に醤油600mlと水300～400ml、切り昆布3切れを入れて1日1回かき混ぜながら常温で2～3週間おいて発酵させたもの。とろみが出て柔らかくなったら冷蔵庫で保存する

＊2 **蒸魚鼓油**　蒸し魚料理用の中国醤油

【作り方】

1. 酒でもどした昆布でタイを昆布締めにし、冷蔵庫で1日おく。

2. ①のタイに長ネギとショウガをのせて酒をふり、蒸籠で蒸す。

3. 薬味の白髪ネギとショウガに熱したネギ油をかける。

4. ひしおソースの材料を合わせて温めておく。

5. ボイルしたウルイと②のタイを皿に盛り、④をかける。③とパクチーを盛る。

角煮の黒酢酢豚

P.147

【材料／20人分】

豚のバラ肉……4kg
◎黒酢液
　水……2000ml
　醤油……260ml
　米酢……260ml
　黒酢……500ml
　砂糖……800g
　中国醤油……適量
　長ネギ（青い部分）……　4本分
　ショウガ……2かけ
　八角……20g
　桂皮……20g
片栗粉……適量
水溶き片栗粉……適量
ゴマ油……少量
白髪ネギ……適量
セルフイユ……適量

【作り方】

1. 豚のバラ肉は箸がスッと通るまでゆでる。
2. 黒酢液の材料を鍋に合わせ、棒状にカットした①を入れて1時間煮る。そのまま冷ます。
3. ②の豚肉を4～5cm角にカットし、煮汁ごと容器に入れて1日おく。
4. ③の豚肉を引き上げ、表面に片栗粉をまぶして油で揚げる。
5. ③の煮汁を温めて水溶き片栗粉でとろみをつけてタレとする。
6. ⑤のタレに④の豚肉を入れ、仕上げにゴマ油を加える。
7. 豚肉を皿に盛ってタレをたっぷりとかけ、白髪ネギとセルフイユを飾る。

関飯店自慢の麻婆豆腐

P.148

【材料／2人分】

木綿豆腐……2/3丁
塩……適量
合い挽き肉[*1]……50g
甜麺醤……5g
中国醤油……適量
A
　合わせ豆板醤[*2]……20g
　豆鼓……5g
　朝天辣椒粉……5g
　長ネギ（みじん切り）……15g
　ショウガ（すりおろし）……4g
　ニンニク（すりおろし）……4g
B
　醤油……15ml
　砂糖……4g
　鶏ガラスープ……200ml
水溶き片栗粉……適量
ゴマ油……小さじ1/2
ネギ油……小さじ1/2
辣油……大さじ1
花椒（粉）……1つまみ

＊1 合い挽き肉　豚肉と牛肉を7対3で合わせた16mm挽きの粗挽き肉を業者から仕入れて使用
＊2 合わせ豆板醤　ピーシェン豆板醤、麻辣醤、香辣醤を合わせたもの

【作り方】

1. 豆腐はカットして塩ゆでしておく。
2. 合い挽き肉は甜麺醤と中国醤油を加えて炒めておく。
3. Aの材料を炒め、香りが出たら①と②、Bを加えて豆腐が色づくまで煮る。
4. 水溶き片栗粉でとろみをつけ、3種の油と花椒を加えてさらに炒めて皿に盛る。

しらすとセリの炒飯

P.148

【材料】

◎シラス醤
　サラダ油……適量
　シラス（釜上げ）……500g
　エシャロット（みじん切り）
　……200g
　ニンニク（すりおろし）……50g
　朝天辣椒粉……15g
全卵……2個
ご飯……150g
長ネギ（みじん切り）……適量
塩……適量
白コショウ……適量
セリ（きざむ）……40g

【作り方】

1. シラス醤を作る。シラスが浸る程度のサラダ油を鍋に入れて温める。
2. ①にシラスとエシャロットを入れ、水分がなくなるまでじっくり揚げる。
3. ②にニンニクと朝天辣椒粉を加えて冷ます。
4. 油ならしした鍋に全卵とご飯を入れて強火で炒める。
5. 適度に油をきった③のシラス醤適量、長ネギ、塩、白コショウを入れて調味しながらさらに炒める。
6. 仕上げの直前にセリを加え、軽く鍋をあおって皿に盛る。

色々ハーブのせ
ワンタンスープ

P.149

【 材料／6人分 】

◎餡

豚挽き肉……100g

オイスターソース……小さじ1

塩……少量

コショウ……少量

酒……少量

長ネギ(みじん切り)……30g

ショウガ(みじん切り)……少量

ネギ油……少量

ゴマ油……少量

片栗粉……大さじ1

ワンタンの皮……20枚

◎スープ

鶏ガラスープ……2000ml

キャベツ……1/4個

ニンジン……1本

セロリ……1本

ショウガ……1かけ

長ネギ……1本

塩……適量

三つ葉……3g

パクチー……3g

セリ……3g

ネギ油……少量

【 作り方 】

1. 餡を作る。豚挽き肉とオイスターソース、塩、コショウ、酒を合わせ、粘りが出るまでよく練ったら、残りの材料を合わせる。

2. ワンタンの皮で①の餡を包む。

3. スープを作る。ボウルに鶏ガラスープと適宜に切った野菜を入れて蒸し器で3時間蒸し、塩で調味する。

4. ②のワンタンをゆで、③のスープとともに器に盛り、カットした三つ葉とパクチー、セリをのせる。仕上げにネギ油をたらす。

撮影　天方晴子…fu-fu shisen・按田餃子・中洞・カントナ・一途一心・牧谿・関飯店
　　　高見尊裕…Okibi china 燠火
デザイン　吉澤俊樹（ink in inc）
編集　丸田祐　淀野晃一

愛され中華、酔い中華

お酒が飲める、ご飯もすすむ。
新・町中華の売れ筋メニュー120

初版印刷　2023年5月25日
初版発行　2023年6月10日

編者©　柴田書店
発行者　丸山兼一

発行所　株式会社柴田書店
〒113-8477　東京都文京区湯島3-26-9　イヤサカビル
営業部　03-5816-8282（注文・問合せ）
書籍編集部　03-5816-8260
https://www.shibatashoten.co.jp

印刷・製本　図書印刷株式会社

ISBN 978-4-388-06366-6 C2077